à J.-Ch., mon compagnon d'armes.

LAURE BUISSON

Pour ce qu'il me plaist

Jeanne de Belleville,
la première femme pirate

GRASSET

ISBN : 978-2-253-10036-2 – 1re publication LGF

« Tout homme normalement constitué est parfois tenté de remonter ses manches, de hisser le drapeau noir et de se mettre à trancher des gorges. »

H. L. MENCKEN, XXe siècle

« La revanche est un acte de passion, la vengeance est un acte de justice. »

Samuel JOHNSON, XVIIIe siècle

C'est jour de chance. À l'horizon, un pavillon bleu fleurdelysé émerge de la brume matinale. À la poupe du navire, la Lionne sanglante, d'un signe bref, enjoint le silence à son équipage. Massés derrière elle, les hommes se taisent, s'immobilisent, mais ne peuvent s'empêcher de sourire à l'imprudence ou à la naïveté de ce bâtiment de la flotte royale qui s'approche de la terre. Leur terre. Si l'océan est dangereux pour un bateau voyageant en solitaire, la côte l'est plus encore. La complexité de ses ondes de marée emportant, selon les heures, vers le nord ou l'ouest, et l'extravagance de ses vents conduisent fatalement les bateaux vers un champ de récifs abrupts. Qui surgissent, offensifs, au creux d'une vague, ou pointent sournoisement à la surface de l'eau. Ce rivage, qui tend ses bras paisibles et généreux aux marins loin de leur famille, est un labyrinthe de couloirs s'étrécissant et de chenaux s'élargissant où se cachent des bas-fonds félons. Les barreurs doivent manœuvrer, tourner à gauche puis à droite pour naviguer entre les éperons rocheux, ralentir et sonder pour éviter les bancs de sable. Seul un homme du pays ou un navigateur aguerri peut affronter les caprices de cette côte. Qu'en est-il du commandant du bâtiment militaire arrivant droit devant ? À l'abri des falaises, la Lionne sanglante patiente, confiante : la Bretagne protège ses enfants, déploie ses doigts de granit pour leur offrir des refuges.

Le Poitou

1300-1314

« Regarde-toi : tu as en toi le ciel et la terre. »

Hildegarde de BINGEN (XIIe siècle)

1

S'ils ne font plus qu'un, le vent les laissera passer !

Le héraut arrondit le dos, épouse la courbe de l'encolure de son cheval. Sa cotte armoriée se plaque contre son torse et le griffon rouge des Belleville semble vouloir bondir du blason, sa fine langue de reptile jaillit de son bec, la patte aux doigts acérés se dresse, autoritaire.

Plus vite, plus vite.

Dans son dos, le beffroi de Montaigu nargue le cavalier : les cloches sonnent à toute volée. Leur chant joyeux se déploie sur la plaine, rayonne du nord au sud, d'est en ouest. Elles veulent se faire entendre. Montrer qu'elles ne sont pas toujours solennelles et connaissent d'autres notes que celles de l'angélus, du tocsin ou du glas.

Droit devant !

Le héraut se concentre sur le chemin. Au loin, le carillon de la seigneurie de Châteaumur reprend la ritournelle. Il éperonne sa monture mais n'est pas dupe : il ne rattrapera pas la rumeur sonnante. Ni les collines, ni les lignes vallonnées du bocage, ni les marais ne la retarderont. Elle s'engouffrera dans les sombres forêts de chênes, rira lorsqu'elle frôlera les cimes des châtaigniers et des pins maritimes. Bientôt, les châtellenies de Belleville et de Palluau se mêleront au chœur, entraînant Commequiers, La Garnache, Beauvoir-sur-Mer et, par-delà la mer, les îles d'Yeu, de Bouin et de Noirmoutier.

Dans chaque village, baronnie et monastère, les cloches annonceront la bonne nouvelle avant le cavalier. Et déjà, des cuisines aux champs, des salles d'armes aux greniers à grains, le Bas-Poitou parle de ta naissance au château de Montaigu : le second enfant de Maurice IV de Belleville et de sa seconde épouse, Létice de Parthenay.

Âmes rompues aux annonces de fausses couches et à la mort prématurée des enfants, la communauté et tes proches se réjouissent.

Au château de Montaigu, pendant neuf mois, on a prié et espéré. Malheur à celui qui aurait osé lever la main sur Létice, porteuse de la plus inestimable des richesses : toi et l'espoir d'une postérité ! Si le coupable n'avait pas été tué par ta famille, la loi salique l'aurait envoyé en prison et condamné à payer sept cents sous.

On a guetté les moindres gestes de ta mère, devancé ses désirs et besoins, contrôlé ses repas. Si elle mangeait des aliments amers ou salés, tu naîtrais sans ongles ni cheveux. Des plats épicés te rendraient lépreuse. En revanche, la menthe et le persil augmenteraient la capacité de tes poumons.

Ta mère a été préservée de la peur, de la tristesse et des trop grandes joies. On a calfeutré son corps pour éviter le pire : une bougie soufflée brutalement, l'apparition d'un animal effrayant, un événement soudain ou une émotion forte, et son cœur se serait emballé, risquant de mettre ta vie en péril. On a évité que sa route ne croise celle d'un infirme, d'un laideron, d'une vilaine femme : tes traits auraient pu emprunter de leur disgrâce.

Une grossesse qui finit bien, c'est Dieu qui récompense le père d'avoir su aimer et protéger son épouse.

Ton père est un bon chrétien, un seigneur puissant ayant servi le roi de France, Philippe III le Hardi, dans ses campagnes en Aragon. Il est respecté des gens vivant sur ses terres, de ses pairs de la haute noblesse poitevine et bretonne, du clergé, des ducs d'Aquitaine et de Bretagne.

Ton père a été récompensé d'avoir dressé une muraille autour de sa femme. Dieu lui en est témoin : tu es là.

Tu es une drôlesse ! En ce jour de 1300, le château fortifié de Montaigu surveille du haut de ses tours ombrageuses le cours de la Maine et de son affluent, l'Asson, à ses pieds. Silence ! À l'angle de ses bâtiments, au premier étage, dans la grande chambre conjugale aux murs tendus de blanc pour l'occasion, ta mère, épuisée par l'accouchement, est au comble du bonheur. Elle se repose à l'abri des courtines suspendues aux traverses de son lit en bois sculpté, orné d'incrustations et cerné d'une balustrade. La ventrière et des servantes s'affairent autour d'elle. On lui apporte un bassin rempli d'eau pour se rafraîchir le visage et les mains, un verre de vin ou une assiette de victuailles pour qu'elle reprenne des forces, car bientôt la famille et les amis viendront lui rendre visite et lui offrir de somptueux cadeaux. Toi, on te lave et on t'habille. On active le feu dans la grande cheminée : il serait dommage que vous attrapiez froid et la mort alors que l'aventure s'est finie en beauté. Ta naissance. Grands-mères, cousines et tantes qui sont venues y assister s'impatientent, assises sur les bancs adossés aux lambris, pressées de repartir la raconter chez elles.

Ta mère peut être fière. À vingt-cinq ans, cinq ans après son mariage, elle a enfin rempli la tâche assignée par la société et l'Église et elle est en vie. Elle a vaincu les risques de la grossesse et ceux de l'accouchement. Loué soit saint Léonard, qui sauva la reine Clotilde de couches mortelles. Louée soit sainte Marguerite, vierge d'Antioche, qui, avalée par un monstre, s'en délivra en lui ouvrant le ventre à l'aide d'une croix puis mourut décapitée pour le nom de Jésus-Christ. Les prières et les messes n'auront pas été vaines. Ta mère a porté sur elle l'*Agnus dei* de cire, le « pain bénit à chanter » encadré d'argent, et les sachets d'accouchement renfermant soit les récits des vies des martyres, soit la précieuse formule « Et si une femme en travail d'enfant a cet écrit sur elle, plus vite elle se délivrera de l'enfant, l'enfant ne périra ni la femme ne mourra en ce moment ». Elle a été sauvée des fièvres, des hémorragies, d'une mauvaise position du bébé ou d'une césarienne pratiquée en hâte. Elle est une survivante.

Ton père, lui, se frotte les mains ! Tu penses comme il l'aime, sa fille ! Il l'embrasse et la caresse. Il la chérit de tout son amour de seigneur. L'entoure de sentiments nobles dictés par la tête et non par un cœur féminin faible, en proie au débordement. À quoi pense-t-il en te regardant ?

Toi, tout emmaillotée dans un lange et un épais drap de laine blanc, ton petit corps bien droit, enroulé de bandes de lin pour échapper aux déformations, ta tête couverte d'un bonnet, tu ressembles à une petite abeille. N'a-t-il pas hâte que te poussent des ailes pour t'envoyer vers la prairie la plus belle ? Le champ le plus florissant pour toi, pour lui, pour les Belleville ? Ton arrivée le comble.

La lignée est assurée par ton demi-frère, Maurice, né il y a quatorze ans d'un premier mariage. Toi, tu es une aubaine pour l'ascension sociale et l'extension des propriétés de la famille. Le mariage est un sacrement mais aussi une stratégie. Ton père en est lui-même le fruit. Chez les Belleville, puissance politique et richesse sont l'apanage des épousailles et non des combats.

Dès le XIIe siècle, tes aïeux ont repoussé les limites de leurs terres vers le nord-ouest, le sud et l'est du Poitou jusqu'aux frontières de la Bretagne et de l'Anjou, jusqu'à l'océan Atlantique, en épousant des filles et des veuves de seigneurs possédant des propriétés voisines des leurs.

Que réserve ta venue ? Ton père rêve-t-il déjà d'alliance avec un parent du duc de Bretagne, un proche des comtes d'Aquitaine, un habitué de la cour du roi ? Tu peux prétendre à une grande famille ! Les terres des Belleville génèrent des revenus considérables. Les îles de Bouin et de Noirmoutier reposent sur des marais salants et abritent des mines d'or blanc, que tes ancêtres, hommes d'affaires avisés, ont pris soin d'entretenir et d'améliorer. Enjeu fiscal pour les rois depuis Saint Louis et l'institution de la gabelle, enjeu vital pour ses vertus de conservation des aliments et son rôle essentiel dans la préparation des peaux à tanner, le sel s'exporte partout en France et en Europe. Des bateaux viennent de France, d'Angleterre, d'Irlande, de Flandre, du Portugal, d'Espagne et de la Hanse teutonique, accostent et s'acquittent d'un péage dans les ports d'Époids et du Collet. De la production à la commercialisation, les seigneurs de Belleville gèrent chaque étape de l'activité salicole de la baie de Bourgneuf.

Ton père est aussi politiquement influent grâce à la situation de ses terres sur les Marches de Bretagne-Poitou : un haut lieu géostratégique à la lisière entre un duché et un comté jaloux de leur indépendance respective. Leurs propriétaires choisissent, c'est selon, de prêter allégeance à la couronne de France ou à celle d'Angleterre. Ducs de Bretagne et comtes du Poitou cajolent les seigneurs des Marches, dont les places de villages et les cours de château sont des scènes d'échanges culturels et économiques. Les chemins de garde de leurs forteresses ont une vue plongeante sur la province d'à côté : ils sont les yeux et les oreilles complaisantes des souverains et bénéficient en contrepartie d'un statut fiscal avantageux régi par les deux régions à la fois.

Tu es une Belleville. Ton blason flotte aux côtés de ceux des ducs d'Aquitaine et de Bretagne, des rois français et anglais lors des croisades et des campagnes militaires. Ton nom est sur les listes de l'Ost, le service militaire, et nombre de tes ancêtres se sont illustrés au cours de grandes batailles. Hastings, la Roche-aux-Moines, Bouvines sont inscrites dans ton histoire familiale.

Tes aïeux sont des guerriers, des gestionnaires et des stratèges. Ton monde est celui des Ancenis, Avaugour, Beaumanoir, Châteaubriant, Clisson, Craon, Dreux, Fougères, Léon, Lusignan, Machecoul,

Malestroit, Montfort, Montmorency, Pontchâteau, Rais, Rieux, Rochefort, Rohan, Thouars, Vitré... Des noms prestigieux comme autant de poutres et de solives étayant les charpentes de l'Aquitaine et de la Bretagne. Entre eux, ils échangent des rentes contre des bois, se volent des parcelles et s'affrontent devant les tribunaux, se défient lors de tournois, négocient des fiançailles puis les annulent pour se lier avec un meilleur parti, se marient pour étendre leur rayonnement au-delà des frontières régionales, se trahissent pour conserver leur pouvoir et leurs privilèges ou s'unissent comme un seul homme contre les rois.

Ton premier cri sonne comme l'ouverture d'une chasse à l'héritière.

Dors, la drôlesse, les bonnes fées sont penchées sur ton berceau et t'annoncent la richesse et la vivacité d'esprit de ton père, le goût des arts et lettres et la grande beauté de ta mère, tant vantés par les chroniqueurs, souvent chantés par les troubadours. Laisse-toi bercer par leurs prédictions d'une vie de fêtes et de banquets, d'un mariage fastueux, de bahuts remplis de jupes et de jupons de Damas, de chaperons fourrés d'hermine et de surcots de velours bordés de feuilles d'or, de coffrets emplis de parures de pierres fines et de grandes salles de forteresses résonnant de cris de beaux enfants robustes qui perpétueront et rendront encore plus puissant le nom de leur père, mais aussi le tien.

Rêve, jolie petite fille, et entends aussi la voix de la fée Mélusine. Elle a mauvaise réputation mais ne te veut aucun mal. Elle vient pour te rappeler la lignée de ta mère, les Parthenay-L'Archevêque, engendrée par le plus jeune de ses fils. Laisse-la te dire comment elle, femme de Raymondin de Lusignan, a fondé la dynastie des comtes de Poitiers, dont est issue la grande duchesse Aliénor, a bâti la ville de Parthenay et a construit les murailles de La Rochelle, aujourd'hui propriétés pleines ou en partie de ta famille. Et comment, frappée par une malédiction, tous les samedis, elle se transformait en serpent à partir de la taille. Une fois par semaine, la mère aimante cédait au monstre. Mélusine, créature à deux visages, a fait entrer la magie dans ton sang. Et le malheur.

Prends garde aux avertissements des légendes.

Tu dois être prête pour le jour où ton sang se rappellera à toi.

Renoncez-vous à Satan, à ses pompes et à ses œuvres ? Oui, répondent ton père, tes nombreux parrains et marraines, en ton nom, et ils prient et implorent qu'il en sera ainsi. Ta mère, elle, n'est pas là. Elle se repose encore. Dans les bras de l'un des parrains, tu t'apprêtes à passer sous l'arcade ogivale de l'église Saint-Jacques de Montaigu. Au-dessus, un Christ dans sa gloire te montre le chemin. Tu t'apprêtes à entrer dans l'Église, à rejoindre le peuple de Dieu.

On te *démaillote*, on te porte sur les fonts baptismaux. Tu pleures lorsqu'on t'immerge dans l'eau gelée. Une fois, deux fois, trois fois. Le père, le fils, le Saint-Esprit. Rouge de froid et de colère, tu t'époumones. Est-ce le Malin qui quitte ton corps ? Un démon aux cris de chaton qui tenterait de soumettre l'Évangile selon saint Luc : « Moi je te baptise avec l'eau, mais Il vient, celui qui baptise dans l'Esprit-Saint et le feu. » Autour de toi, tes parrains et marraines tiennent des bougies. *Vous êtes la lumière du monde.*

On te *remaillote*. On t'appose l'huile des catéchumènes sur les pieds et les mains, puis le saint chrême sur le front. Tu voudrais te débattre mais tu ne parviens qu'à remuer tes bras aux poings serrés qui semblent deux brindilles bourgeonnantes contrariées par le vent. On pose un grain de sel sur ta langue et toi dont la fortune familiale repose sur l'exploitation saline, tu grimaces. « Vous êtes le sel de la terre. »

Kyrie eleison. Sèche tes larmes, entends la douce rengaine de la litanie des saints. Les saints patrons de la paroisse, du diocèse, de tes parents, tes grands-parents, de celui du jour, *Omnes Sancti et Sanctae Dei*, vont prier pour toi.

Bienvenue, la drôlesse, dans une communauté qui dépasse les frontières terrestres. Les épreuves, l'infortune et la mort peuvent surgir, tu n'as plus à avoir peur. Bienvenue à toi, qui portes le prénom signifiant « Dieu accorde ». Bienvenue à toi, Jeanne.

2

Quand ta lointaine cousine Aliénor préféra l'impétueux léopard anglais au lys français trop pâlot à son goût, elle traversa la Manche en emportant dans ses malles ses terres d'Aquitaine – dont le Poitou. Dès lors, les Capétiens n'eurent de cesse d'essayer de reprendre le duché. Morceau par morceau. Lorsque Philippe Auguste puis Louis VIII dit le Lion rétablirent leur suzeraineté sur le comté du Poitou, ils s'empressèrent de l'inclure au domaine royal en le décrétant aliénable en apanage aux héritiers.

En 1300, la France de Philippe le Bel est une langue de terre de 200 000 km² dont les frontières suivent peu ou prou les cours de l'Escaut, la Meuse, la Saône et le Rhône. Un territoire riche et fort mais amputé de deux grands fiefs, la Bretagne et la Flandre, qui, bien que liées au roi par l'hommage et des devoirs vassaliques, clament leur autonomie et supportent mal les ingérences royales dans leur duché. Elles ont le soutien d'Édouard Ier, le roi d'Angleterre : ce qui contrarie fortement Philippe le Bel.

Bientôt éclatent en Aquitaine et en Flandre des conflits. Ton père est convoqué à l'Ost. Il rejoint Arras le mardi après la Pentecôte et participe à la victoire des troupes royales sur les Flamands à la bataille de Mons-en-Pévèle. En 1304, un accord est négocié à Athis-sur-Orge : le comté garde son indépendance mais la France récupère Lille, Douai et Orchies. Pour sceller la paix, Philippe le Bel promet sa fille unique, Isabelle, en mariage à l'héritier au trône d'Angleterre, Édouard II. Ils se marieront en 1308.

Mais tu es bien loin de tout ça. En 1306, tu as six ans et ton père va mourir. Ce vaillant chevalier baisse la garde devant l'adversaire. Succombe-t-il à la maladie ou à un accident ? Est-il vieux ? Peut-être quarante ans, un peu plus ou un peu moins – le sait-il lui-même exactement ? Il y a tant de dates plus importantes à retenir que celle de sa naissance.

La mort, il l'accepte, il l'a tant vue œuvrer autour de lui qu'elle lui est familière. Il est prêt. Il a organisé son passage, s'est invité à la danse funèbre qui le conduira jusqu'au Jugement. Ah, le Jugement ! La seule peur qui le tenaille. A-t-il mis son salut en péril par quelque exaction ? A-t-il péché au point de ne pas être parmi les élus ?

Maurice IV doit laver son âme. Se libérer du fardeau d'une existence lourde d'ors et d'honneurs. Lui, le seigneur de Belleville, se déleste de ses titres, de ses gloires, de ses privilèges, de ses conquêtes, de ses récompenses, de sa fortune, de son orgueil, de sa vanité, de son amour-propre. Maurice IV est nu. Aussi nu que lorsqu'il n'était encore qu'un nouveau-né criant au monde son angoisse d'avoir dû quitter le cocon chaud et rassurant du ventre de sa mère.

La famille, les amis, les gens de maison et compagnons d'armes sont là. Toi aussi, tu es là. Tu l'écoutes se confesser publiquement. Tu es sérieuse. Il rachète ses crimes et ses malveillances, avoue chacune de ses mauvaises pensées et indélicatesses, le plus mince de ses excès.

Ta mère paraît si triste dans sa robe de drap brun, si grave, la tête et le cou enveloppés dans une guimpe qui lui donne l'air d'une moniale. Et, toi, petite Jeanne, pleures-tu la perte de ce père, que les guerres, les inspections du domaine familial, les chasses, les tournois, ont souvent éloigné de Montaigu ? Oui, tu pleures : il t'a donné de l'amour et des caresses, t'a donné ton nom, ton blason. Il a ébauché ton destin.

Tu pries de toutes tes forces pour que le prêtre, aujourd'hui silhouette sévère dans une chasuble noire, accepte de lui ouvrir les portes de l'Au-Delà. Faites, mon Dieu, qu'il trouve le chemin du Ciel et le repos éternel. Il le mérite. Il s'y emploie depuis longtemps. Les dons de bois, de vignes et de rentes aux abbayes de Fontevraud, Mauléon et Fontenelles où est enterrée ton arrière-grand-mère ; ceux au prieuré de Saint-Lienne à La Roche-sur-Yon dont les Belleville assurent l'entretien des lampes devant le tombeau du saint ; ceux au monastère de la Lande en Beauchêne, à Sallertaine, fondé par tes aïeux, les premiers seigneurs de La Garnache... Tous ces dons comme autant de promesses d'obits.

Le quatrième seigneur de Belleville n'est plus que Maurice, il reçoit l'extrême-onction.

Le prêtre psalmodie, demande le pardon des péchés et le Salut éternel au Christ, le Sauveur, et l'on reste. On n'abandonne pas Maurice seul face au Jugement, on l'accompagne. Il est allongé, les yeux fixant le plafond, seul témoin du ballet extraordinaire de créatures célestes envahissant la chambre et se pressant à son chevet. Mi-animaux mi-humains, ailés ou cornus, la langue ou les pieds fourchus, pourvus d'une longue queue ou d'oreilles effilées, très grands ou tout petits, hideux ou magnifiques, sombres ou étincelants, maléfiques ou bienfaisants. Ces êtres surnaturels te rassurent et t'effraient à la fois, lorsque, ouvrant ton psautier, tu les regardes bondir d'une page à l'autre.

Le cortège funèbre est en place. En tête, il y a les crieurs des morts, puis des pauvres que ton frère et ta mère ont choisis et habillés d'une tenue noire aux couleurs des Belleville, des religieux appartenant aux ordres bénéficiaires des dons de ta famille, des serviteurs du château et des clercs. Ces gens précèdent les écuyers et chevaliers chargés de l'armement de ton père (le blason, l'épée dans son fourreau et pointée vers le haut, le heaume levé vers le ciel sur un bâton) et de la conduite de ses chevaux. À la suite de ces pièces témoignant des combats menés, vient le cercueil porté par des gentilshommes et protégé d'un dais tendu au bout de quatre piques de bois sombre tenues par des pages. Toi, tu es là, derrière la litière, au milieu des membres de ta proche famille pleurant et criant votre douleur, tous vêtus de longues robes noires, la tête dissimulée sous les capuches de leurs manteaux. Vous êtes suivis de vos parents lointains, de barons, de châtelains, de vassaux et, quelques mètres plus loin, des habitants de vos cités et villages. Au son des busines des hérauts, vous marchez vers le lieu d'inhumation choisi par ton père parmi les monastères et abbayes de la région qu'il a généreusement dotés durant sa vie. Là, rasé de frais et dans son plus bel habit, il gagnera son lieu de repos éternel.

Ton frère Maurice et toi êtes *en saisine* de ses biens. Vous n'êtes que deux enfants et ton frère est l'héritier légitime. Le 17 janvier 1306, sa femme Béatrix de Cayeux et lui sont officiellement les maîtres des terres des Belleville. Tout lui revient sauf le douaire de ta mère, la châtellenie de Palluau, où vous emménagez toutes les deux.

3

Une plaine verdoyante et boisée s'étend devant les remparts de ta nouvelle demeure. Le paysage change peu de Montaigu. À peine vois-tu le bocage s'estomper lentement au nord-est pour céder sa place aux marais salants puis à l'océan. Là, tu peux faire des promenades en carriole, jouer à colin-maillard et prendre tes premiers cours d'équitation et de chasse sur les rives de la Petite Boulogne ou, plus loin, à quelques chevauchées du château, sur celles de la Vie. Un fleuve dont on souffle le nom comme on donne le départ d'une course, qui prend sa source sur tes terres familiales, à Belleville, et s'écoule sur soixante-sept kilomètres avant de s'élancer, fougueux, dans l'océan. Un fleuve qui te va si bien.

Ton éducation commence très tôt. Après tout, Lancelot a bien rencontré son précepteur à l'âge de trois ans et, au même âge, la Vierge Marie entrait au temple pour y recevoir sa première leçon. On t'enseigne les chiffres, bien sûr, puisque tu es appelée à devenir femme de seigneur, à gérer les affaires domestiques. Mais aussi, lorsque ton époux s'absentera de longs mois, à veiller aux traitements des rentes et aux versements des salaires et soldes des écuyers, châtelains, de tous les hommes et femmes qui officieront pour toi. Tu apprends à lire, à écrire et tu parles plusieurs dialectes. Évidemment, dès tes premiers babillages, tu es nourrie au poitevin par les gens qui s'occupent de toi, mais tu sais aussi la langue d'oïl, utilisée en France et à la cour du roi d'Angleterre. Et le breton aussi puisqu'il y a tant d'échanges entre le Poitou et sa fausse jumelle, la Bretagne. Es-tu bavarde, Jeanne ? Es-tu une de ces incorrigibles pipelettes qui ont toujours quelque chose à dire, une question à poser et, bien sûr, une réponse à donner même quand on leur ordonne de se taire ? Ou t'enfermes-tu dans le silence pour mieux observer et éprouver le monde ? Fais-tu partie de ces enfants sages qui attendent d'avoir l'autorisation des grands pour s'exprimer ? Ou déjà oses-tu te rebiffer quand tu n'es pas d'accord ? Te mets-tu en colère ? Ressens-tu parfois de l'injustice ? Ce mot fait-il partie de ton vocabulaire ? Ou est-ce un sentiment que tu ne parviens pas à traduire ni même à définir mais que tu sens inavouable ? Jeanne, que dis-tu à Dieu et à Son fils lorsque tu t'adresses à eux, en latin ?

Le latin, langue universelle et céleste, découvert avec les premiers mots déchiffrés sur les genoux de ta mère dans ton psautier et ton livre d'heures, les clefs de ton éducation. Là, il y a les préceptes de la religion. Tu y trouves des dessins pleins de couleurs et de dorures, racontant des scènes de la Bible, de la vie des saints et des paysans, des clercs ou des chevaliers. Il y a aussi des animaux. Beaucoup d'animaux, dont certains volent et d'autres parviennent à respirer sous l'eau. Tu en connais quelques-uns, il en existe qui vivent en des lieux où tu n'es jamais allée et où tu n'iras peut-être jamais. L'hirondelle qui mange et boit en volant, le taureau si fort et si impressionnant qui devient aussi doux qu'un lapin lorsqu'il est attaché à un figuier, ou encore le sanglier dont les cornes sortent de sa gueule. Que Dieu est puissant d'avoir imaginé des créatures aussi fabuleuses !

Et que penser de l'homme, la première de ces créatures ? Tu as l'occasion d'y réfléchir, ce dimanche 7 mai 1307 où ta famille est à l'honneur. Ton frère, Maurice, et ton grand-père maternel, Guillaume VI de Parthenay-L'Archevêque, font partie des quatre barons escortant pour son installation le nouvel évêque de Poitiers. Avec le comte de la Marche et le vicomte de Châtellerault, ils portent la chaise épiscopale de l'église Sainte-Marie-Majeure à la cathédrale Saint-Pierre où se déroule la cérémonie.

Lors du banquet donné en cette occasion, avant de prendre place à table, c'est à ton frère de verser l'eau dans des plats d'argent afin que l'évêque se lave les mains tandis que ton grand-père lui sert la coupe de vin « pour le premier transit ». À la fin du repas, les plats, la coupe et les nappes leur seront offerts.

Derrière ta mère, tu ne bouges pas. Aujourd'hui tu te tiens tranquille. De toute façon, quand bien même tu voudrais courir ou sauter, ta tenue de cérémonie t'en empêche.

Tu es habillée comme une grande ! Sous un surcot de velours sans manches, ta cotte de soie se prolonge en une ample traîne, que tu tiens devant toi. Tes doigts sont engourdis à force de la serrer pour qu'elle ne retombe pas sur le sol. Une chute ! Que pourrait-il t'arriver de pire ? La coiffure, pour laquelle tu es restée assise des heures sur une chaise sans te plaindre des coups de peigne et tiraillements de brosse, se dénouerait comme un simple écheveau de fil de laine. Les deux nattes enroulées autour de ta tête à la manière d'un diadème se détacheraient, libéreraient les mèches frisées patiemment ramenées sur ton front, tes cheveux s'emmêleraient, tu ressemblerais à une sauvageonne. Les gens se moqueraient de toi. Qui sait si ton futur époux n'est pas parmi la foule qui se presse autour de ta mère, ta belle-sœur Béatrix et toi ?

Tu as quitté l'enfance. L'âge des jeux est terminé. Qu'il est triste de te dire que tu ne rempliras plus ta dînette en étain d'aliments aussi exotiques qu'imaginaires pour tes poupées : la vaisselle est rangée et tes amies de cire dorment à tout jamais dans un coffre. Gare à toi ! Désormais tu connais la différence entre le bien et le mal et tu peux être punie. Concentre-toi sur les bonnes manières que l'on t'inculque depuis un an. C'est le bon moment pour les mettre en pratique.

Il y a autant de gens qu'un jour de foire mais sans montreur d'ours, ménestrel, jongleur ou bateleur. Tu t'ennuies un peu. Vite, un jeu d'échecs pour essayer les coups que tu as appris ces derniers mois ! Tu t'ennuies beaucoup. Et si tu lâchais la traîne de ta cotte ? Elle se déploierait par terre en corolle. On dirait une fleur trop éclose.

Eh, ils marchent sur ta robe ! Des dizaines de souliers la piétinent. Le cuir est beau, si lisse qu'on voudrait le caresser, si tendu qu'on devine la forme des orteils dessous. Maintenant que tu les observes, tu les trouves drôles, ces chaussures aux bouts pointant vers le ciel comme deux grands nez. À gauche, à droite, en avant, en arrière, ils se balancent, humant l'air, fouinant comme s'ils cherchaient le chemin des cuisines.

Le défilé se poursuit devant ta mère. Veuve de trente-deux ans, fille unique de Guillaume l'Archevêque, elle peut se remarier et représente un parti intéressant. Les messieurs font la roue devant elle, les jambes ceintes dans des braies blanches, vertes, jaunes ou bleues. Un arc-en-ciel de jambes.

Tu reconnais les seigneurs à leurs cottes frôlant leurs chevilles et à leur chaperon sur les épaules. Plus ils sont vieux, plus ils brillent. Leurs vêtements sont un ciel plein d'étoiles, constellés de besants d'or et d'argent, de perles, de pièces d'orfèvrerie, de fermaux étincelants. De la fourrure dépasse de leurs manches et des bords retroussés de leurs chapeaux de feutre mou. On a l'impression que s'y cachent une hermine, un vair, une loutre ou un renard. Tu repères aussi les écuyers, trop jeunes pour être chevaliers, avec leurs corsets de drap de laine ou de soie resserrés à la taille par une ceinture. Les bruns et verts s'accordent avec la complicité d'un bas de cotte ourlé de franges rouges. Les bleus s'acoquinent au mauve grâce à une passementerie jaune bouton d'or. Toutes ces tenues, éventail d'étoffes éclatantes, se déroulent devant ta mère et toi.

On te détaille. Es-tu blonde, brune, châtaine, rousse ? Ève, Guenièvre, Iseult, étaient blondes. Tu l'es aussi puisque les chroniqueurs te disent jolie. Et de quelle nature robuste tu jouis ! Imagine que les varioles, rougeoles, scarlatines, coqueluches et fièvres intestinales, toutes ces maladies infantiles auxquelles tu as été exposée, n'ont pas eu de prise sur toi. Une fois femme, tu as toutes les chances de supporter les grossesses. Si en plus ton mari est vigoureux, tu enfanteras de beaux drôles. On calcule, on additionne. Ton père est mort l'année dernière, ton frère a pris la relève, qu'a-t-il été prévu pour toi quand tu seras en âge de te marier ? Quelles épousailles ont été négociées ? À combien s'élève ta dot ? Quelles châtellenies ou parcelles et leurs rentes t'ont-elles été réservées ?

Les femmes t'embrassent, te touchent les cheveux et les joues. Surtout les plus âgées portant guimpe et voile, le cou et la tête entièrement enveloppés, qui leur donneraient un air sévère, n'était la bosse gigantesque formée par leur chignon à l'arrière du crâne. Un aigle pourrait y nicher ses petits ! En sa qualité de veuve, ta mère porte aussi une guimpe qui ne laisse deviner que son visage. Elle n'est pas comme les jeunes femmes qui se promènent têtes nues, certaines avec des nattes entrelacées sur la nuque se rejoignant sur le front ; d'autres, la chevelure ramassée à l'arrière et emprisonnée dans les mailles d'un filet précieux. Fort heureux qu'aucune d'elles n'ait les cheveux dénoués comme les prostituées !

Ta mère est habillée comme les autres femmes avec un surcot de soie ou de velours, ajusté à la taille et à la poitrine. Elle est digne, ne minaude pas comme celles qui jouent à cache-cache avec leurs mains. On dirait qu'elles se prennent pour des fées, à faire apparaître et disparaître leurs doigts dans leurs manches dont la pointe touche le sol et se perd dans les bouillons d'étoffe de leurs traînes.

Il y a du bruit et de l'agitation. Une basse-cour humaine. Des rires tonnent et tu sursautes. En face, une conversation entre plusieurs hommes s'anime, ils font de grands gestes. Dans un coin, une très jeune femme reçoit les hommages de fringants écuyers sous l'œil de sa mère, sa tante et son chaperon. Plus loin, d'autres chuchotent entre elles, tandis qu'un chevalier et un vieux seigneur s'accolent, heureux de se retrouver. Chacun montre sa richesse, parade dans son nouvel habit festonné, brodé de pierreries et de fourrure, loue les qualités du dernier destrier acheté : aussi intelligent, rapide et fidèle que le Veillantif de Roland de Roncevaux, mort au combat avec son maître, aussi courageux, rusé et résistant que le Gringalet de sire Gauvain, venu au monde dans les écuries du château du Graal. D'autres exhibent leurs nouvelles épouses et les terres qui vont avec.

Jeanne, petite fille innocente au centre d'une assemblée résonnante de négociations, d'alliances, d'élaborations de stratégies, d'échanges de serments et de conclusions de contrats. Ne baisse pas les yeux, suis le spectacle qui s'offre à toi et n'en perds aucune miette. Apprends, repère, mémorise : c'est la répétition des scènes que tu joueras plus tard et où il t'arrivera d'avoir le premier rôle.

4

Avec l'aide de votre fidèle serviteur, ta mère organise votre vie à Palluau. Songe-t-elle à se remarier ? Elle a en main beaucoup d'atouts.

Les Parthenay ont des fiefs embrassant toute la Gâtine poitevine. Un plateau au centre du comté, reliant le Haut au Bas-Poitou, traversé d'une chaîne de collines d'où dévalent la Sèvre nantaise, le Thouet et la Vendée qui irriguent et fertilisent les bocages et d'épaisses forêts. Ta famille maternelle réside dans la citadelle réputée imprenable de Parthenay, et outre ses fiefs en Gâtine, gère aussi des châtellenies limitrophes en Saintonge et en Aunis.

Descendants directs des comtes de Poitou, les Parthenay partagent un ancêtre avec leurs voisins les Lusignan, dynastie des comtes de la Marche et d'Angoulême, des rois de Jérusalem, de Chypre et d'Arménie. Leurs blasons sont semblables, *burelés d'argent et d'azur*, sinon que celui de ta famille maternelle est traversé d'une barre latérale rouge. Indice révélateur d'une branche cadette qui poussa les mauvaises langues à les qualifier de « *brisures de Lusignan* ». C'est oublier un peu vite que les Lusignan ont vendu le comté de la Marche au roi de France. Alors que les Parthenay, opiniâtres et prêts à tout pour asseoir leur indépendance, n'ont pas hésité à s'allier aux Anglais lorsque le duché d'Aquitaine était gouverné par un parent du roi de France.

Allant jusqu'à briser le serment de fidélité prêté à la France, ils ont mis la forteresse de Parthenay à la disposition de Jean sans Terre lors de son conflit avec Philippe Auguste. Prenant les armes, participant aux tentatives de négociation, ils ont engagé leurs propres ressources pour supporter les frais de guerre, au point de gager leurs joyaux, et ont accepté dignement des défaites aussi cuisantes que Bouvines – où il est drôle d'imaginer que tes familles paternelles et maternelles aient pu se retrouver face à face puisque les Belleville combattaient, eux, côté français. Une trahison impardonnable pour Philippe Auguste d'abord, puis pour Blanche de Castille et son fils Louis qui a bien failli leur attirer le pire des châtiments : l'excommunication. Eux qui étaient si pieux.

Durant trois siècles, les membres de ta famille ont construit, fondé et accueilli sur leurs propriétés de nombreuses communautés et édifices religieux.

Hommes d'esprit et de devoirs, énergiques et généreux, revêtant la croix dès la première croisade, ils furent estimés des papes qui leur confièrent l'administration de l'abbaye de Saint-Jean-d'Angély à la suite des ducs d'Aquitaine et des comtes d'Angoulême et du Périgord. L'un de tes aïeux, Josselin, à qui tu dois ton nom de Parthenay-L'Arvechêque, renonça à son héritage au profit de son frère pour devenir archevêque de Bordeaux. Missionné par la haute autorité pontificale, il a dirigé l'enquête sur la validité de l'union entre le duc d'Aquitaine et sa cousine. Et a initié en accord avec le pape la réforme interdisant aux fils de prêtres, de diacres et autres clercs d'être nommés chanoines de Saint-Hilaire. Conservateur convaincu, il considérait le mariage des prêtres comme l'un des plus grands maux de l'Église.

Guillaume, ton grand-père, lui, n'a pas connu de combat en Terre sainte. Mais il n'en fut pas moins brave. Toujours l'épée au poing ! À peine entré en possession de son héritage en 1272, il suit Philippe le Hardi dans son expédition contre le comte de Foix. Mineur, il aurait pu refuser. Mais non : plein de fougue et de zèle, il porte haut la bannière des Parthenay-L'Archevêque lors de la prise de la citadelle ariégeoise. En 1300, Philippe le Bel convoque le ban et l'arrière-ban du royaume à Arras pour la guerre des Flandres : à plus de quarante-cinq ans, Guillaume renfile son armure et s'en retourne combattre. Il est là au désastre français de Courtrai et a la chance d'en revenir sauf. Il est encore là, deux ans plus tard, lors de la revanche victorieuse à Mons-en-Pévèle. Glorieux chevalier au service de la France et de son roi, miséricordieux seigneur au service de Dieu et de ses brebis.

Fidèle aux traditions familiales, Guillaume se montre généreux avec les communautés religieuses et les aumôneries de la région, perpétuant les dons entrepris par ses prédécesseurs, leur octroyant de nouvelles terres, prenant de nouvelles dispositions leur garantissant « la possession paisible et perpétuelle » des biens qui leur avaient été offerts, initiant la construction d'une église pour l'installation des Cordeliers à Parthenay. C'était un homme juste, proche de ses vassaux, les protégeant des attaques en sa citadelle, leur accordant des redevances pour leur loyauté, allant jusqu'à renoncer à son droit de franc-fief, taxe dont devait s'acquitter tout roturier achetant un terrain. Tous louaient aussi le grand cœur et la bienveillance de ta grand-mère, Jeanne de Montfort, morte neuf ans avant ta naissance et dont tu portes le prénom. Elle consacra sa vie à œuvrer pour les pauvres et les malades.

La piété, la charité, le prestige, ta mère n'en a cure. L'indépendance, peut-être, mais la sienne. Sa nouvelle vie de femme dégagée des contraintes de la vie conjugale lui sied à merveille. Les hautes murailles de la forteresse de Palluau résistent aux tirs des trébuchets, ses fossés freinent les invasions, ses tours de garde préviennent de l'arrivée d'envahisseurs, son pont-levis détourne les velléités d'intrusion mais aucune construction, si coriace soit-elle, aucune troupe d'arbalétriers, aucune stratégie ou ruse ne peut contenir un désir de légèreté, encore moins de liberté. Et si propositions de nouveau mariage il y a, elles se perdent au milieu des vers des troubadours et des notes de musique qui emplissent Palluau depuis que s'y tient une cour d'amour.

On raconte bien des histoires de joutes dans les grandes salles du château, mais tirées des romans de Chrétien de Troyes, de Gautier d'Arras ou du *Roman de la Rose*. Ta mère reçoit des poètes, des écrivains et des musiciens. Elle prend part au jeu de l'amour courtois, né il y a quelques siècles non loin de là, avec Guillaume le Troubadour à la cour d'Aquitaine. Elle y excelle. Se substitue aux héroïnes de ses lectures et se délecte du désespoir de certains de ses amants. Pauvre Peyre Milhon, premier maître d'hôtel du comte du Poitou, venu de sa Provence natale. Un gentilhomme transi d'amour pour la belle Létice à qui il écrit son bonheur de la retrouver après le travail. Et qui ne reçoit rien en retour, sinon du mépris. Ainsi vont les règles de ce badinage : veuve et d'un rang social supérieur à lui, ta mère est inaccessible, elle est la partenaire idéale de ce jeu où l'amant montre son talent en chantant ses sentiments. Il lui soupire son adoration, se dit prêt à affronter la honte et le déshonneur, accepte la souffrance avec délice dans l'espoir de connaître le feu d'une nuit d'amour. Qu'il n'aura pas.

Pauvre Peyre Milhon. Jeté comme une breloque émoussée, il se console, noie son chagrin dans les mots. Cruelle dame de Montaigu, chante-t-il alors, se comparant à un malade abusé par un médecin qui, lui laissant croire à la guérison, l'abandonne à l'approche de la mort. La dame de Montaigu s'amuse.

Et toi, Jeanne, que fais-tu à l'abri des murs de ta chambre ? Te désespères-tu du reflet de ton miroir ? De cheveux insuffisamment blonds, d'un front insuffisamment grand, de dents insuffisamment éclatantes, de bras insuffisamment minces, de hanches insuffisamment étroites, de doigts insuffisamment longs, d'ongles insuffisamment colorés, de seins insuffisamment hauts, d'un ventre insuffisamment saillant, d'une taille insuffisamment prise, de chevilles insuffisamment ténues, d'un nez insuffisamment fin, insuffisamment droit, d'une bouche insuffisamment charnue et insuffisamment rouge, de joues insuffisamment rondes et insuffisamment roses, d'un teint insuffisamment pâle et insuffisamment lisse, d'un corps insuffisamment svelte et insuffisamment élancé… Jeanne, eh, Jeanne, arrête ! Les femmes ne sont parfaites que sous les pinceaux des enlumineurs ! Les chroniqueurs te disent l'une des plus belles femmes de ton époque.

Goûte à l'insouciance, Jeanne. Profite de tes années de jeunesse pour courir de rêve en rêve. Laisse ton regard se perdre dans les lambrequins festonnés de ton ciel de lit et imagine-toi Guenièvre ou Iseult. Savoure les trépidations de ton cœur s'emballant au rythme des dangers bravés par Aucassin pour retrouver sa Nicolette, enlevée par des Sarrasins. Frissonne de plaisir à leurs retrouvailles ! Révolte-toi de la mutilation d'Abélard par l'oncle d'Héloïse, furieux de leur mariage secret, et émerveille-toi de la ferveur de leurs sentiments les unissant à jamais. Glisse-toi près de la cheminée pour dissimuler tes joues enflammées par le désir d'être un jour, toi aussi, adorée et adulée par un jeune chevalier. Crois-tu en l'amour, Jeanne ? En ce mot étrange synonyme de frémissement dans les poèmes et de devoir dans la vie réelle ?

Tu es promise. T'a-t-on déjà parlé de lui ? Le connais-tu ? L'as-tu déjà fréquenté ? Essayes-tu de reconstituer fidèlement les images de vos rencontres ? Perds-tu la notion du temps lorsque tu penses à lui ? En oublies-tu les gens qui t'entourent ? Sens-tu le silence des plaines de Palluau t'envelopper quand son visage apparaît soudain dans tes pensées ?

Qui pourrait faire chavirer ton cœur, Jeanne ? Un homme beau et fort dont le charme et la vigueur du corps reflètent ceux de son âme et gagent ceux de vos futurs enfants. Un être courageux et noble, qui ignore lâcheté, paresse et couardise. Un chevalier respecté pour son ardeur au combat lors de tournois ou de batailles. Un seigneur vaillant, hardi et généreux dont la fortune t'assurera une vie confortable. Voilà le mari idéal.

Tu t'entraînes à l'aimer. Et tu l'aimes déjà.

Une nuée de mouettes volent au-dessus du bateau français, leurs cris aigus de mégères se mêlent aux voix de rogomme des soldats. D'un coup, elles piquent droit sur eux, le corps tendu, raides comme des flèches, avant de changer de trajectoire à la dernière seconde et de remonter vers le ciel en riant de leur canular.

Le vent s'est levé, léger, frais – un des premiers souffles d'automne qui rappelle la fin de l'été. De son bateau, la Lionne sanglante écoute, suit attentivement le prologue qui se joue sur l'océan et calcule le moment de son entrée en scène. Les conversations en français se heurtent de plus en plus fort aux falaises bretonnes qui les renvoient, brisées en mille échos : le navire français est proche. Comme chaque instant précédant un abordage, la Lionne sanglante ressent la tension de ses hommes, cette rage mêlée à la peur où ils puisent leur courage. Elle entend leurs prières muettes, sait à quoi pense chacun d'eux à cet instant. À une femme sur le point d'accoucher et accomplissant pour deux le travail de la ferme parce qu'il faut bien que la récolte se fasse, à une mère qui, depuis la mort du père, garantit le pain pour ses cinq ou six enfants, à des fils qui bientôt seront en âge de se battre eux aussi, à des filles pour qui il faut trouver un bon mari travailleur et pas trop pauvre, à des terres à mettre en jachère au printemps prochain, à l'une des bêtes sur le point de vêler : elle n'ignore rien d'eux ni de leur famille. Elle les connaît tous un par un, depuis longtemps, certains même depuis avant la guerre. Le plus fidèle d'entre tous les fidèles, compagnon de toujours, Guillaume Bérard, veille sur son fils aîné Guillaume : bien qu'il n'en soit pas à sa première bataille, il pourrait être débordé par un adversaire plus familier des combats sur mer. Il a un œil aussi sur Olivier, trop jeune encore, qui se cache dans le « château arrière » du bateau. Elle sait que Guillaume Bérard se ferait tuer plutôt que de laisser un ennemi s'approcher des enfants.

Le vent a balayé la brume et, comme pour combler le vide laissé par une tâche trop vite accomplie, s'occupe en poussant quelques vagues vers le navire. Un air frais monte lorsque les crêtes se brisent et claquent contre la coque. On pourrait presque croire à un jour sans guerre. Pas un nuage n'importune le soleil qui s'étire paresseusement au-dessus de la ligne d'horizon, éblouissant l'équipage du bâtiment français, désormais tout proche. Le ciel aussi est de son côté. Dans la lumière, les Bretons sont invisibles. Invincibles. À l'abordage !

Châteaubriant

1314-1330

« Et vous, chères amies qui êtes mariées, ne vous indignez pas d'être ainsi soumises à vos maris, car ce n'est pas toujours dans l'intérêt des gens que d'être libres. »

Christine de PIZAN, *La Cité des dames* (XIVe siècle)

5

Jamais la cour de la forteresse de Châteaubriant n'a été aussi silencieuse.

« Bonnes gens, nous avons proclamé en sainte église trois bans par trois jours différents entre ces deux personnes : et présentement proclamons le quar d'habondan ; que s'il y a aucun ou aucune qui sache empeschement par quoy l'ung ne puisse avoir l'autre par loy de mariage, si le die sous peine d'excommuniement. »

Une voix parmi l'assistance réunie devant la chapelle du château va-t-elle s'élever contre ton mariage ? Saint Cosme et saint Damien, vous, à qui est dédié ce sanctuaire, coupez les mauvaises langues ! Coquelicot à peine éclos à la merci des vents contraires, de la foudre d'un voisin ou, pire, d'une accalmie entre deux rivaux, tu mesures le poids de la robe de velours pourpre doublée d'hermine que tu portes aujourd'hui. Tu sais ce qu'elle représente et implique pour toi, ta mère, ton frère et ton père qui, du Ciel, te regarde.

Geoffroy de Châteaubriant ! Descendant d'une famille aux origines ducales et capétiennes par sa mère et d'une dynastie militaire s'illustrant glorieusement depuis la conquête de l'Angleterre jusqu'à Bouvines du côté de son père. Lui, dont le blason arbore des fleurs de lys parce qu'un de ses ancêtres a sauvé la vie de Saint Louis en recevant une flèche à sa place lors de la septième croisade.

Orphelin de père à huit ans, héritier de propriétés s'étendant de la Bretagne au Poitou, de l'Anjou à la Basse-Normandie, il est, comme les hommes de ta famille, seigneur des Marches. Veuf âgé de vingt ans, Geoffroy huitième du nom est l'un des barons les plus regardés. Toutes les filles et veuves bien nées en rêvaient et c'est toi, Jeanne, qui es l'élue. Ton frère t'a souvent raconté combien l'arrivée aux convocations de l'Ost des barons de Châteaubriant, suivis du long cortège de leurs vassaux, de leurs chevaliers et de leurs écuyers, force le respect et l'admiration des autres seigneurs. Et quelle importance qu'il ait la réputation d'un homme dur, taiseux, matois et autoritaire ! Toi, du haut de tes quatorze ans, tu t'apprêtes à devenir la dame de Châteaubriant.

Ta famille et celle de ton futur mari sont alliées depuis longtemps. Vos ancêtres ont combattu ensemble, ont échangé des terres. Ta grand-mère maternelle était la sœur de celle de Geoffroy et ton père avait épousé sa tante Sibille en première noce. Des liens de parenté non problématiques selon l'enquête prénuptiale. Sois tranquille : le pape a envoyé une dispense. Et selon les règles, les bans ont été publiés trois fois depuis tes fiançailles, quarante jours plus tôt. Aucun « empêchement » n'a été révélé. Rien ne s'oppose à ton mariage. La question à venir de l'évêque ne sera qu'une formalité.

Parce que c'est bien un évêque, dans son impressionnant costume violet, qui officie. Celui de Nantes. Un honneur auquel ont droit les Châteaubriant puisque leur lignée compte un prélat. Tu y as donc droit.

Face à lui, Geoffroy et toi, entourés de vos familles et témoins, attendez. Pas un souffle devant le porche de la chapelle.

L'évêque questionne ton frère. Il veut être certain qu'il n'y a pas de consanguinité, que ce mariage est conforme aux lois de l'Église et du Seigneur. Bien sûr que ton mariage est conforme ! Maurice V de Belleville, ton frère et tuteur, s'y engage.

L'évêque se tourne vers Geoffroy et toi : « *Geoffroy, vis tu reapse in uxorem istam Jeanne, et custodire illam sanam et infirmam toto tempore vite sue sicut probus homo debet custodire uxorem suam, et facere ei fidelem societatem de corpore tuo, et de catellis tuis.* » « *Volo* », répond Geoffroy, et tu frissonnes en entendant la voix de l'évêque s'adresser à toi. Tu écoutes chacun de ses mots et les répètes en silence jusqu'à ce qu'ils résonnent en toi, que ton cœur et ton corps s'en imprègnent. Que leur sens te révèle celle que tu dois devenir.

Consens-tu, Jeanne, à prendre pour époux Geoffroy, de le garder près de toi, de t'occuper de lui, de le chérir et de lui être fidèle tout au long de sa vie ?

« *Volo.*

— Et moi je vous unis au nom du Père et du Fils et du Saint-Esprit. Amen. »

L'évêque, robe, croix, sourcils, a mis ta main droite dans celle de Geoffroy. Un clerc présente l'anneau et les pièces d'argent symbolisant le douaire que lui et sa famille ont convenu de te verser. « Créateur et conservateur du genre humain, Toi qui donnes la grâce spirituelle et qui fais largesse de la vie éternelle, envoie, Seigneur, Ta bénédiction sur cet anneau. »

« De cet anneau je t'épouse et de mon corps je t'honore ; cette dot je te donne. » Ta main paraît si frêle lorsque Geoffroy glisse l'anneau d'or à ton majeur droit. La patte d'un épervier tombé du nid qu'un fauconnier équipe de jets et d'une campanelle, lanières de cuir et grelot qui le ramèneraient à la volière s'il partait trop loin. Jeanne, oisillon de proie tout juste apprivoisé, tu t'habitues à l'idée de cette nouvelle vie qui t'attend. Le Psaume 127 t'en donne les longitudes et les latitudes :

« Heureux qui craint le Seigneur et marche selon Ses voies. » L'évêque vous asperge d'eau bénite. « Tu te nourriras du travail de tes mains. Heureux es-tu !

À toi le bonheur. Ta femme sera dans ta maison comme une vigne généreuse, et tes fils, autour de la table, comme des plants d'olivier. » La famille, ton précepteur, ta nourrice, tes livres t'ont déjà expliqué maintes et maintes fois quelles étaient les étapes de la vie d'une épouse et cela te convient. Le temps te dure de veiller au bon fonctionnement d'un château, tu t'impatientes de donner très vite à Geoffroy des enfants, des fils qui assureront avec courage et dignité la perpétuation des Châteaubriant, des filles qui scelleront des alliances flatteuses. Tes poupées viennent de s'endormir et tu penses à celles de tes futurs enfants.

« Voilà comment sera béni l'homme qui craint le Seigneur. De Sion, le Seigneur te bénisse ! Tu verras le bonheur de Jérusalem. Tous les jours de ta vie, et tu verras les fils de tes fils. Paix sur Israël. » « Paix sur Israël », répètes-tu.

Vous tenant par la main, l'évêque vous invite à entrer dans la chapelle. *Kyrie eleison*. Portée par les chants des chœurs s'élevant du jubé, détachée de la réalité par les volutes et le parfum de la myrrhe et de l'oliban s'échappant des encensoirs, tu avances jusqu'à l'autel sous le regard du Christ en majesté, d'anges de la Résurrection, de saints martyrs et de prophètes libérateurs dont les représentations recouvrent les murs et les piles de bas en haut. Geoffroy à ta droite. Sous la charpente en ogive lambrissée, intimidée par les fleurs de lys dorées comme surgissant parmi les entrelacs dessinés sur les entraits, tu n'oses pas le regarder. Il paraît si grand, ton baron. La messe commence.

Tobie, 12, 6. Tu te souviens bien de ce livre et de son histoire étonnante. Celle de ce Juif captif du roi des Assyriens, rendu aveugle par de la fiente chaude d'hirondelle et qui continue d'honorer le Seigneur, de pratiquer sa foi et d'espérer pendant que sa femme, Anne, pourvoit seule aux besoins de la famille. Elle travaille dur, aussi la piété de Tobie l'agace-t-elle, surtout lorsque celui-ci va jusqu'à rejeter le fruit de son labeur au prétexte qu'il a été dérobé à plus nécessiteux. Anne a toutes les raisons du monde d'être irritée ! Pourtant, l'ange Raphaël, venu exaucer les prières de Tobie, lui donne tort. Il te faudra toi aussi être forte et ne pas juger Geoffroy. « Notre Père, libérez-nous du mal. »

Les voûtes de la chapelle se constellent de taches de couleurs, lorsque le soleil passe un rayon ou deux au-dessus des nuages et se faufile à travers les vitraux peints des trois fenêtres ogivales. De drôles de formes et de silhouettes dansent sur la pierre, donnent vie aux scènes murales. Tu as vu, Jeanne ? Les feuilles de figuier cachant la nudité d'Adam et Ève chassés du paradis ondulent comme sous l'effet d'une brise. Le sang perlant des plaies de saint Sébastien semble glisser le long de son torse transpercé de flèches. Le sourire d'Élisabeth enceinte de Jean-Baptiste s'illumine lorsqu'elle reçoit la visite de la Vierge, elle-même enceinte du Christ. Mais rien ne te distrait, tu es sérieuse et écoutes la première Épître aux Corinthiens, qui te rappelle de te glorifier dans ton corps en évitant la fornication, puis l'Évangile selon saint Matthieu sur l'indissolubilité du mariage. Geoffroy et toi vous agenouillez. *Kyrie eleison*.

On étend un drap blanc au-dessus de vous et l'évêque vous donne sa bénédiction. *Amen*. Le voile est levé. *Ite missa est*.

L'évêque rompt un morceau de pain et le partage avec vous. Il verse du vin dans un gobelet en argent. Geoffroy boit quelques gouttes et te le tend. « Tout désormais doit leur être commun. » La musique et les chants résonnent une dernière fois.

Vous sortez de la chapelle sous une pluie de grains. Tu fermes les yeux mais pas pour te protéger. Tu aimes la légère sensation de piqûre lorsqu'une poignée tombe sur toi. Tu voudrais être ensevelie sous une montagne de grains et que chacun t'insuffle la fécondité qu'il porte en lui.

On te félicite. Toi aussi tu te félicites.

C'est fête aujourd'hui et la grande salle au premier étage du château a été apprêtée. Trois longues tables dressées sur des tréteaux resplendissent, parées de leurs nappes de lin blanc ; les bancs, plus accueillants qu'à leur habitude, ont été garnis de dossiers, de tapis et de coussins. Un feu danse dans la cheminée, on l'alimente, on l'attise. Avivez les flammes ! Encore, encore, encore ! Que les fils d'or des tapisseries sur les murs scintillent comme des milliers de lucioles ! Regarde, Jeanne, comme tout est beau. Tout est pour toi.

Ne sois pas intimidée, prends place à la plus petite table. Celle qui est dos à la cheminée. Elle est centrée et perpendiculaire aux autres, la table d'honneur. Tu es la reine du jour. Vont s'asseoir à ta droite Geoffroy, sa mère, la baronne de Châteaubriant, son oncle ; et à ta gauche ton frère Maurice et son épouse, ta mère et l'évêque.

Face à vous, les convives s'installent selon leur rang. Ils sont nombreux. Toute l'aristocratie de Bretagne, du Poitou et des régions avoisinantes s'est déplacée.

D'un coup de baguette d'ivoire, ta belle-mère donne le signal et les festivités commencent. Au diable le jeûne et la pénitence, ce jour est gras. Les serviteurs arrivent des cuisines en procession et en bon ordre. D'abord, le panetier, avec sa serviette sur l'épaule, suivi de jeunes garçons de bonnes familles. Ils apportent les plats du premier des trois services. Les crédences et dressoirs se remplissent de cygnes, faisans, oies sauvages, butors, courlis, cigognes et hérons farcis ou rôtis – une véritable volière ! Apparaissent aussi chevreuils à l'orange, merlans à la bière, anguilles en croûte, galantines de lamproie et pâtés de lièvre. Des odeurs de cannelle, cardamome, clous de girofle, cumin, gingembre, safran se répandent dans la pièce. Sens-tu ces parfums au goût d'évasion lointaine ? A-t-on fait venir du galanga et de la citoual d'Asie, du macis et du cubèbe des Indes, de la graine de paradis d'Afrique et du mastic de Grèce ? Un mariage n'est-il pas la vitrine des richesses d'une famille ?

Près de l'entrée de la grande salle, munis de larges couteaux à la lame en forme de croissant et aux manches en métal précieux ou en ivoire, les écuyers tranchants découpent la viande. Comme dans un ballet, des serviteurs arrivent les bras chargés d'assiettes d'argent emplies de roquefort, munster, brie, cantal et craquegnon, de vases de fèves au lait, de drageoirs de confitures et de confiseries, de plats de gâteaux et de biscuits. D'autres apportent des fruits. Et les mains des invités se faufilent, piochent des noix, des châtaignes et des figues, picorent des olives, des cerises ou des nèfles, s'emparent de pommes avant de commencer à manger viandes, poissons, légumes et fromages. Seule l'arrivée des échansons venus chercher les hanaps pour les remplir aux fûts ouvrés d'or et d'argent détourne l'attention que chacun porte à son assiette. Les conversations se portent sur le vin servi. On donne son avis. On débat de l'obsolescence ou non du classement des blancs du *Dit des vins de France*, établi par Philippe Auguste après la « Bataille des vins » qu'il organisa en 1224. On vante le claret du Bordelais, rosé tant aimé des Anglais. Et l'on trinque au schisme de la chrétienté qui aura au moins permis l'apparition sur les tables des banquets du vin rouge de Châteauneuf, de Saint-Pourçain et de Beaune, découvert par le pape Clément V après son installation en Avignon. Mon Dieu qu'il est bon de boire et de manger !

Les cris, les rires et les chants de l'assemblée te parviennent en écho. Les valets et convives ne sont que des silhouettes furtives jouant à cache-cache avec les lumières des candélabres. Aussi pâle et immobile qu'une statuette en ivoire, tu te perds dans la contemplation de ton assiette en argent. Elle est imbriquée dans une jolie doublure aux contours ajourés pour que tu ne te brûles pas. Comment pourrais-tu te brûler ? Elle est vide. Comme ton hanap. Tu ne manges ni ne bois. Tu résistes pour leur montrer à tous que tu es capable de contrôler tes émotions, de maîtriser tes passions. Jeanne de Belleville sera une parfaite épouse.

Tu attends.

Des femmes parmi vos proches se sont approchées. Elles vous emmènent, Geoffroy et toi, jusqu'à la chambre nuptiale.

Le lit que vient de bénir l'évêque est immense, ceint d'une balustrade et entièrement couvert d'ornements incrustés, sculptés et peints. Les pieds se prolongeant en colonne sont aussi larges que ceux d'un colosse. De grandes courtepointes tissées de fils d'or et d'argent ont été repliées sur un matelas galonné remontant jusqu'au chevet. Tes bras, tes jambes, tes épaules, tes seins sont parcourus de frissons, tes joues s'empourprent lorsque les femmes t'aident à enlever ta chemise. Vous vous couchez. On vous borde de draps de lin neufs, rêches et froids qui râpent la peau. La porte se referme. À quatorze ans, tu es seule avec un homme pour la première fois.

Comme lorsque tu dormais dans ta chambre d'enfant, tu t'es collée à la balustrade. Enfouie sous les couvertures, tu comptes les motifs du ciel de lit, essayes de reconnaître les animaux et les plantes brodés sur les courtines. Arabesques à neuf branches, cascades de lierre, oiseaux dos à dos, poissons à la queue entrelacée... Geoffroy a posé les mains sur toi. Calleuses, larges, chaudes. Ton esprit s'embrouille. Torsades de feuilles de chêne, paon faisant la roue, guirlande de trèfles... Il te caresse et t'embrasse.

Timidement, tu t'abandonnes au désir d'explorer son corps, d'en apprendre les lignes et d'en connaître les faiblesses. Ses mains flânent sur ton corps, s'attardent sur tes seins et à l'intérieur de tes cuisses. Ton cœur, que tu pensais si sage et dont les frétillements pour un mot d'amour murmuré te rendaient honteuse, s'emballe à la violence d'une étreinte. Tu t'accroches à lui. Le suivre là où il t'emmène.

Pour ce qu'il me plaist

Muguets, lapins, orangers, croissant de lune, lion, digitales… Dans la chaleur et la douceur des draps de lin, Geoffroy s'est endormi. Te reviennent les voix des matrones chargées de ton éducation sexuelle, elles te disent combien ta jouissance et celle de ton mari sont indispensables à la procréation.

6

Il ne cesse de pleuvoir depuis deux ans. Tous les jours se ressemblent en France et en Europe occidentale. À Châteaubriant, tu regardes les gouttes fines et discrètes, infatigables et tenaces. Elles gonflent les fleuves, noient les moissons et gâtent les réserves de céréales dans les greniers. Elles s'infiltrent dans le bois, qui ne s'enflamme plus dans les cheminées. Elles recouvrent les pavés des chaussées, qui sont dangereux pour les marcheurs étourdis et les chevaux au galop. Elles pénètrent dans le sol, se mélangent à la terre qui s'amollit et colle aux semelles des ingrats cherchant à quitter le pays. Rien à voir avec les tempêtes poitevines de ton enfance qui balayaient les prés et les forêts raidis par le gel, ou les orages d'été qui grondaient le rassemblement des nuages avant de laisser éclater leur colère. Ici, le ciel rumine dans son coin. Filtrant parfois entre deux crachins, la lumière blanche et fragile éclate comme si elle craignait de s'éteindre à tout jamais. À Châteaubriant, le temps est indolent, le soleil chancelant et le climat engourdissant.

Écoutes-tu les conversations des oiseaux du haut de ta nouvelle demeure ? Elle paraît si haute, postée sur son éminence. Sage de pierre, elle en a vu, des soldats et des bannières s'approcher plus ou moins pacifiquement depuis le XIe siècle. Et des batailles, comme celle entre le duc de Bretagne, Pierre Ier, et des barons insurgés en 1222. Et des tentatives d'invasion. Et des sièges, dont celui, fameux, de Saint Louis, en 1235. Mais elle est toujours là, sur son séant, impavide, immortelle, éternelle, au confluent de la Chère et du Rollard. Au fil du temps, elle a observé son vieil ami, le prieuré Saint-Pierre de Béré, et son petit village prendre leurs aises sur le coteau d'en face. Elle a permis à des maisons de venir se réfugier à l'ombre de ses murailles, a veillé à la construction des remparts encerclant la ville, l'isolant encore un peu plus du reste du monde. Elle est au-dessus de tout, elle voit tout.

Du nord au sud-est, de l'est à l'ouest, les collines du massif armoricain central, sculptées par la lumière, festonnent le ciel, où des nuages allant et venant d'un flanc à l'autre projettent des ombres titubantes sur le tapis des cimes des forêts. Comme les membres impérieux d'une famille, elles dominent les cités en contrebas qui peuvent bien crâner de la puissance de leurs châteaux forts, pleurer sur les cicatrices laissées par les mines de fer ou implorer Dieu dans leurs monastères et chapelles, leurs bourgs sont pris dans les plis des vallées. Le soleil a beau percer entre leurs donjons et leurs enceintes, leurs prieurés et leurs abbayes, ils se confondent avec les menhirs hérissant les sols.

Tu apprends les courbes et silhouettes de ce tableau, tu les distingues au loin, émergeant de la brume matinale, s'animant à la clarté du jour avant de se cacher dans l'obscurité de la nuit. Pour l'instant, tu ne visites ces lieux qu'en pensée. Tu ne quittes pas ta chambre. On te considère comme impure et tu es exclue des activités de la maison pendant quarante jours, jusqu'à la cérémonie des relevailles, où, sur le parvis de l'église, tu viendras remercier la Sainte Vierge et seras purifiée par un prêtre. Tu viens d'accoucher d'un garçon.

Ferme les yeux, Jeanne. Laisse les bruits venant de dehors entrer dans ta chambre. Les éclats de voix des hommes dans la basse-cour se préparant à partir, leur souffle court sous le poids de l'armure, le cliquetis de leurs armes, les gémissements des chevaux et le claquement de leurs sabots résonnant sous le porche du donjon d'entrée, le grincement de la herse glissant dans les rainures des chambranles lorsqu'elle se lève pour les laisser passer puis le craquement du pont en bois lorsque la troupe quitte le château. Les jappements des chiens dans la cité en contrebas et les habitants qui les injurient. Les coups de marteau cadencés du forgeron réparant le soc d'une charrue et les coups de battoir des lavandières essorant le linge semblent égrener le temps. Dans les ruelles, les cochons, fouillant les os et pelures des repas de la veille, grognent quand paysans et artisans se regroupent pour les pousser. Les moutons s'égosillent sous la lame du couteau du boucher qui les égorge, déclenchant aux quatre coins du bourg et jusqu'au-delà des remparts une salve de mugissements, de braiements et de cris d'enfants. Sur la colline en face, les cloches de Saint-Pierre de Béré appellent les moines à la prière. L'écho colporte-t-il jusqu'à toi le vacarme de la vie ?

La vie. Tu penses à celle de l'enfant endormi dans le berceau à côté de ton lit. Geoffroy, comme son père. Il crie, se débat tandis qu'on l'emmaillote. Les poings serrés, les pieds recroquevillés comme des coquillages renfermant des secrets que nul ne doit connaître. Agitant les bras, jouant avec les anges, les rappelant lorsqu'ils s'en vont, les suppliant de l'emmener avec eux, peu convaincu par le monde qu'on lui propose. *Geoffroy*. Tu le caresses en l'allaitant. *Geoffroy*. Tu le rassures. Le sein que tu lui donnes lui distille les qualités de ta famille, comme le sang qui l'a nourri dans ton ventre durant neuf mois.

Pendant un instant, tu oublies qu'au-delà de la Bretagne, cette même année 1314, le roi de France Philippe le Bel a fait exécuter le grand maître de l'ordre des Templiers, Jacques de Molay. Qu'il a ordonné l'arrestation de ses membres et la destruction des commanderies, dont l'une d'elles est établie aux portes de la forteresse, à Saint-Aubin-des-Châteaux, depuis le XIIe siècle.

À Châteaubriant, comme dans tout le royaume de France, les gens ne sont pas dupes. Ils savent que procès et aveux ont été manigancés par le roi et son fidèle garde des Sceaux, Guillaume de Nogaret. Une vraie fouine, celui-là ! Toujours à épier les moindres gestes des uns et des autres. Qui sait de quoi il est capable pour emprisonner des nobles dont le seul tort est d'être la cible d'un monarque paranoïaque et avide de pouvoir ? On vit dans la peur depuis que les trois princesses Marguerite de Bourgogne, Blanche et Jeanne d'Artois, les propres belles-filles du roi, croupissent dans les geôles de Château-Gaillard après avoir été tondues, habillées de robes de bure et traînées dans la ville recouvertes d'un drap noir, une fois leurs adultères découverts. On étouffe sous les impôts, l'été trop frais et pluvieux a engendré de mauvaises récoltes et plongé le pays dans une terrible famine. Le 29 novembre 1314, nul seigneur, bourgeois, sujet du royaume et des provinces autour ne pleure la mort de Philippe le Bel.

Son fils aîné, Louis X dit le Hutin tant il était entêté, s'assoit sur le trône d'un territoire comprenant l'Île-de-France, la Picardie, la Normandie, le

Maine, l'Anjou, la Touraine, l'Orléanais, le Poitou, le Limousin, le Berry et le Languedoc, et doté d'une organisation étatique efficace et d'une administration redoutable. Mais c'est un royaume qui se fissure. Les Français se méfient autant de ce nouveau roi que de l'ancien. Les grands vassaux aquitains, languedociens, flamands ou bretons gouvernent leurs fiefs comme de véritables petits États indépendants, forts de leurs exceptions linguistiques, culturelles et institutionnelles. Tous n'ont qu'un but : limiter le pouvoir royal. Et l'imiter.

Louis X n'a pas le temps de s'affirmer. Il meurt deux ans plus tard, laissant une fille, Jeanne, née de son premier mariage avec Marguerite de Bourgogne, trop jeune pour régner, et une seconde épouse, Clémence de Hongrie, enceinte de quelques mois. Son frère, Philippe V, assurera la régence jusqu'à la naissance de l'enfant à venir si celui-ci est un garçon. Ou sinon, jusqu'à la majorité de sa nièce.

Le 16 novembre 1316, Clémence de Hongrie accouche d'un garçon, Jean. Il ne vit que cinq jours. Pour la première fois depuis Hugues Capet, il n'y a pas de descendant masculin dans la dynastie capétienne. Selon la coutume, les femmes peuvent hériter de fiefs et, selon la tradition, le sang prime sur le sacre : la couronne échoit à Jeanne. Avant elle, Aliénor d'Aquitaine, duchesse à quatorze ans, et Blanche de Castille, régente jusqu'à la majorité du jeune Louis IX, ont démontré que le sens politique, la vision stratégique et la subtilité diplomatique n'étaient pas une question de sexe.

Mais après deux ans d'exercice du pouvoir, Philippe V ne veut pas céder sa place. Il décrète sa nièce d'origine douteuse, rappelle que sa mère est en prison pour adultère. Une bâtarde sur le trône de France ? Impensable ! Il se fait proclamer roi. Sa tante, Agnès de France, grand-mère de Jeanne, crie à l'usurpation et exige le rassemblement des états généraux. Philippe V, rompu aux intrigues politiques, a su, pendant la régence, asseoir une autorité frôlant la tyrannie. L'armée le soutient, il ne lui manque plus que la légitimité pour s'installer sur le trône. Des juristes dévoués à sa cause la dénichent en prétendant que seulement deux générations le séparent de Saint Louis contre trois pour Jeanne. Ils exhument aussi la « loi salique », un code édicté par Clovis pour régler les problèmes de successions pénaux et financiers entre Francs saliens. En isolant de son contexte l'article concernant la « primogéniture masculine », ils justifient l'éviction des femmes dans la succession au trône de France. Donc de Jeanne. Philippe V, dit le Long en raison de sa grande taille, est sacré roi de France et de Navarre le 6 janvier 1317.

En 1318, ton fils a quatre ans. Que d'agitation, ce jour-là, dans la cour de la forteresse ! Depuis l'aube, les hommes d'armes dans leurs chausses de mailles, la silhouette bombée comme une quille par le gambison de peau rembourré d'étoupe et le haubert d'anneaux de fer entrelacés les couvrant de la tête aux genoux, vont de leur monture piaffante à la salle d'armes dans un bruit de miettes de pain trop cuites qu'on écrase. Geoffroy lance des ordres. Prêts ? Les soldats attachent leurs casques coniques en cuir renforcés de bandes métalliques au haubert. Épées aux fourreaux, bouclier au poing, le convoi s'ébranle. Ils vont rejoindre le duc de Bretagne, Jean III, et prêter main-forte au cousin du roi, Philippe de Valois, pour écraser l'insurrection du duc de Nevers qui refuse de se soumettre à l'autorité accrue du pouvoir royal. Une terrible campagne de deux ans au cours de laquelle ton frère, Maurice, perd la vie. Il n'a pas eu d'enfants : des Belleville, il ne reste plus que toi. À vingt ans, tu es la seule héritière de l'une des plus grosses fortunes du Poitou.

Les longues et nombreuses absences de ton mari, pour des missions en Artois, en Italie et en Gascogne, ou pour des tournois et des chasses organisés par d'autres seigneurs, t'ont aguerrie à la gestion d'un domaine. Administrer les terres de Belleville en plus de celles de Châteaubriant ne t'effraye pas. Et tu gères cet empire tout en veillant jalousement à l'éducation de ton enfant, Geoffroy IX, futur baron de Châteaubriant et désormais seigneur de Belleville.

Dans la salle de cours du château, son pédagogue lui enseigne la grammaire, les chiffres, la géométrie, la politique, l'histoire, le latin, le français, le breton et le poitevin. Il apprend à lire les versets des psaumes et à écrire avec un stylet sur des tablettes. Ses leçons terminées, il s'essaye au maniement des armes et au dressage de son oiseau de chasse. Lettré et sportif, il sera un homme complet.

Fatigué de ses journées, Geoffroy t'écoute lui raconter les gloires de ses ancêtres et des héros des siècles passés. Ses yeux brillent aux exploits de Charlemagne face aux Lombards et aux Sarrasins. Il te pose des questions sur l'embuscade dans la vallée de Roncevaux où Roland trouva la mort. Lui aussi possédera un jour une épée comme Durandal, capable d'entailler la roche ! Il s'imagine livrer des batailles aux limites du monde comme Alexandre le Grand, se rendre dans cette contrée que l'on appelle l'Inde et y apercevoir des sciapodes, courant et sautant sur leur unique jambe plus vite et plus haut que n'importe quel animal, puis, harassés, se reposant à l'ombre de leurs pieds gigantesques. Il sera le premier homme à attraper une licorne sans la tuer ! Ah, capturer cet animal sauvage, plus féroce que le lion, plus fort que l'éléphant ; l'apprivoiser ; devenir Geoffroy le Chevalier à la licorne ; s'asseoir à la Table ronde… Il est Arthur, Lancelot, Gauvain et Perceval quêtant le Saint-Graal. Il est Achille revêtant son armure magique pour combattre Hector.

Il est Énée vengeant la mort de Pallas. Il est Étéocle défendant Thèbes contre la fureur de son frère Polynice. Il est Geoffroy de Châteaubriant, chevalier bachelier.

Bientôt, comme ses pères, il pourra lever haut sa bannière et clamer *Mon sang a teint les bannières de France* lorsqu'il répondra à l'appel du nouveau roi, Charles IV, frère de Philippe V mort le 3 janvier 1322 sans descendant mâle, et dernier fils de Philippe le Bel.

À peine Charles IV s'installe-t-il sur le trône, le 21 février, qu'un conflit éclate entre la France et l'Angleterre. La Guyenne, peau de chagrin de la grande Aquitaine, pose une fois de plus problème. Duché des rois d'Angleterre, sa situation sur le territoire français engage une relation de vassal à seigneur entre les rois des deux pays. Le roi d'Angleterre, Édouard II, doit ainsi prêter hommage au nouveau souverain. Un Plantagenêt à genoux devant un Capétien, fils de cette dynastie qui soutient les rebelles écossais qu'il a tant de mal à mater ? Édouard II refuse. Charles IV envahit et confisque la Guyenne. L'éloignement de l'Angleterre favorise les Français. En 1325, Édouard envoie Isabelle, son épouse et sœur de Charles, pour négocier. Un accord est trouvé : l'hommage contre la Guyenne amputée de l'Agenais et réduite à une bande étroite de soixante-quinze kilomètres de large le long de la côte Atlantique, de Saintes à Bayonne.

À Châteaubriant, même si la Bretagne et ton mari suivent les affaires politiques françaises et anglaises avec attention, les querelles entre Édouard II et Charles IV, tu as d'autres préoccupations. Tu es à nouveau enceinte (ce sera une fille : Louise) et Geoffroy fête ses douze ans.

Tu lui donnes son dernier baiser d'enfant, lorsqu'il quitte le château pour devenir écuyer à la cour du duc de Bretagne, Jean III. Là-bas, en compagnie d'autres adolescents de son rang, vivant au milieu des hommes d'armes, il s'exerce à grandir dans les principes de la chevalerie : la loyauté, la prouesse, l'honneur et la largesse. Il sert les plats et tranche la viande lors de banquets au palais ducal où se retrouve toute la noblesse française. Il trinque avec ses compagnons, se lie avec d'autres fils de famille, tous unis par la même idée d'appartenir à une élite. Il caracole d'une lice à l'autre, joute dès qu'un tournoi se présente pour accroître son adresse. Il est important qu'il s'entraîne pour mettre au point sa propre tactique, celle qui lui permettra d'être un jour élu meilleur chevalier du tournoi, puis, en temps de guerre, d'honorer une convocation à l'Ost.

Au printemps, alors que les robes se resserrent à la taille depuis l'invention de l'aiguille fine, que les épaules se découvrent et le décolleté se dévoile, que les élégantes dénudent leur nuque en relevant leurs nattes sur le haut du crâne, tu te dissimules sous de longues tenues amples et sombres, et enroules cou, front et cheveux d'une guimpe de mousseline sur laquelle tu jettes un voile de soie blanc. Ton mari est mort.

Dans un manteau à capuchon noir doublé et passepoilé de fourrure grise, voûtée comme une vieille femme, tu suis le cercueil qui mène son corps jusqu'au tombeau. Tu pleures, tu suffoques, tu trembles et manques défaillir plusieurs fois. Pauvre épouse de Geoffroy VIII ! Les proches, les prêtres, les seigneurs, les vassaux, les moines, les pauvres et les enfants des hôpitaux saluent tes sanglots, louent tes gémissements qui indiquent l'ampleur de ta douleur. Ils n'en attendent pas moins de toi. Chacune de tes larmes, chacun de tes soupirs sont une pierre à l'édifice de ton nouveau statut et du respect qu'il impose. Magnifique baronne de Châteaubriant ! Pleure, Jeanne, pleure. Les recettes de fards de *Chirurgie* feront des miracles si tu as les joues trop pâles. Un baume à base de camomille dégonflera tes yeux fatigués. L'herbe de lycium les rendra brillants. « Bienheureux sont ceux qui pleurent car ils seront consolés » (Matthieu, 5:4).

Ton fils est rentré au château. La pointe de son épée qui choque une armure, le bruit de ferraille cabossée d'un adversaire désarçonné, sa tunique qui claque sous les applaudissements du vent, les aboiements des chiens répondant à la corne du veneur et le râle du cerf gisant, transpercé de flèches avant d'être achevé à l'arme blanche, les rires gaillards de ses camarades après la saillie facétieuse de l'un d'eux, l'écoute d'un fabliau ou d'un poème grivois, couvrent désormais le son de ta voix.

Tu t'enorgueillis de sa bravoure et de sa vaillance lors des duels. Quand sa lance rencontre l'écu d'un Rohan ou d'un Clisson et les met à terre. Quand une damoiselle Beaumanoir, Fougères, Guesclin ou Ancenis se pâme après qu'il a fait sauter la visière du heaume de son assaillant. Tu t'enivres de l'enthousiasme de la foule quand, vainqueur de tous les assauts, il reçoit le trophée en argent du tournoi. Mais il est le nouveau seigneur de Châteaubriant. Où tu n'as plus ta place.

Tu n'as plus de père ou de frère pour te conseiller d'entrer au couvent, comme le suggère l'Église aux jeunes veuves, ou pour t'inciter à te remarier dans l'espoir de nouveaux profits politiques et économiques. C'est à toi d'écrire ton avenir.

Tu t'es épanouie dans le rôle de femme de seigneur. Feutrée dans l'ombre de ton mari, tu as barré les vaisseaux Châteaubriant et Belleville et goûté au pouvoir.

Tu aimes administrer un domaine, contribuer à la notoriété et à la pérennité d'un blason, fréquenter le cercle des pairs de France. Tu savoures les honneurs qui, par ricochet, rejaillissent sur toi.

Et maintenant que ton deuil est terminé ? Es-tu prête, comme ta mère, à te contenter d'une existence tranquille, à laisser la responsabilité des terres de Belleville à tes châtelains, au risque de t'en faire dépouiller ? À qui peux-tu faire confiance ? Pas aux seigneurs voisins qui lorgnent sur tes biens, prêts à tous les procès et toutes les manigances pour récupérer la moindre parcelle. Ni aux juristes et avocats que tu emploierais pour défendre tes droits et qui n'hésiteraient pas à te duper. Prends le cœur d'un homme, Jeanne.

À vingt-six ans, tu t'achemines vers les derniers mois de ta jeunesse. Mais les onguents à base de saindoux, d'huile d'olive ou de lait d'amande, ainsi que les lotions à la violette ou à la fleur de sauge prescrites dans *L'Ornement des dames*, ont su préserver ton teint clair et la douceur de ta peau. Tu es encore désirable et tes sorties publiques sont l'occasion de te le prouver. Les veufs et des pères à la recherche d'une femme pour leur fils te regardent avec intérêt, les parents et les filles en quête de gendres et d'époux s'inquiètent de te voir t'immiscer dans leurs projets d'alliance. Adolescente en âge de te marier, on t'examinait, on te jugeait, on s'interrogeait. Veuve, en âge de te remarier, on t'examine, on te juge, on s'interroge. Tes années aux côtés de Geoffroy ont-elles été exemplaires ? Ta vertu et ta fidélité ont-elles été remises en cause ? Tes enfants sont-ils beaux, robustes et bien élevés ? Peux-tu en avoir d'autres ?

As-tu des biens, des rentes ? Sont-ils lucratifs ? Tu as confiance en toi.

Tu prends les meubles, le linge, la vaisselle et les bijoux qui te reviennent selon ton douaire et, ta fille dans les bras, tu pars pour Montaigu. Ta terre natale.

7

Fille sans père, frère, oncle ni tuteur, femme sans mari ni homme pour t'épauler, te conseiller, tu es seule à la tête de Belleville et de son territoire. Tu commandes.

Depuis ton enfance, tu baignes dans les histoires de prélèvements des impôts de la taille sur chaque « feu », du cens sur les biens fonciers ; des redevances de « sceaux et papiers » dues pour l'authentification des actes notariés officiels, de celles sur le transport des marchandises, l'utilisation des équipements soumis aux droits de banalités – des fours, des moulins et des minages pour les pesées – et sur les poissons pêchés dans les étangs et canaux ; des péages dont s'acquittent les bateaux mouillant dans les ports et ceux que tout voyageur paye pour passer les ponts. Tu as vu ton père et ton premier mari recevoir prévôts, châtelains et administrateurs de leurs diverses propriétés, écouter leurs doléances, examiner les comptes des revenus obtenus sur les fermes et exploitations agricoles, entreprendre des travaux de rénovation ou de construction. Sans doute as-tu déjà assisté à ces réunions ? Tu sais tout de la production et des exportations de denrées alimentaires, du vin et du sel vers les régions voisines, les provinces des royaumes de France et d'Angleterre. L'organisation des marchés et des foires, qui génèrent des gains grâce aux droits de placement des forains et des taxes sur les produits vendus, n'a plus de secret pour toi.

L'un des plus grands chantiers que tu lances est la reconstruction du château de l'île d'Yeu. Un projet colossal consistant à raser celui en bois, délabré et inapte à la protection d'une population en augmentation constante, érigé sur un massif granitique à la pointe de la côte occidentale par des moines à la fin du Xe siècle pour bâtir à la place une forteresse en pierre. Une entreprise en proie à la brutalité des marées de l'Atlantique tabassant le rocher deux fois par jour, à la fougue des tempêtes automnales et aux caprices des grains hivernaux. Mais ni les aléas des conditions climatiques, ni la difficulté d'accrocher de lourdes infrastructures sur un gros caillou, en pente de surcroît, ne t'arrêtent. Tu relèves le défi. Tu fais nommer des maîtres d'œuvre qui, grâce à leur savoir et leur expérience, sauront comment briser les vagues avant qu'elles ne viennent se jeter sur les parois et s'attellent à leur perpétuel travail d'érosion ;

comment combler les vides des encoches de la falaise, trous béants descendant jusqu'au niveau de l'eau, pour asseoir ta forteresse sur des bases solides. Carriers, tailleurs de pierre, cimentiers, morteliers, charpentiers, forgerons, verriers, ouvriers qualifiés et apprentis, tous les Islais sont réquisitionnés et lorsque la main-d'œuvre locale ne suffit pas, tu fais appel à des artisans du continent.

Quel que soit le prix à payer, quel que soit le temps qu'il faudra, le château de l'île d'Yeu, figure de proue de ton territoire poitevin, s'élèvera et bravera les flots de l'Atlantique.

8

La malédiction semble peser sur les fils de Philippe le Bel : Charles IV meurt le 1er février 1328, six ans presque jour pour jour après son couronnement. Comme pour la succession de son frère aîné, Charles était le père de deux filles, qui, depuis 1316 et la loi sur la « primogéniture masculine », ne peuvent lui succéder, et sa femme est elle aussi enceinte. En attendant la naissance de l'enfant, Philippe de Valois, cousin germain du roi défunt, assurera la régence. Le 1er avril, la veuve de Charles met au monde une troisième fille. Une dynastie s'achève, la France est sans roi.

Vraiment ? Si le régent Philippe de Valois peut prétendre au trône, il y a, de l'autre côté de la Manche, un jeune héritier capétien : Édouard III. Âgé de quinze ans, il est le fils d'Isabelle de France et d'Édouard II, petit-fils de Philippe le Bel.

Né d'un couple promis à l'échec dès le lendemain de leurs noces où Isabelle voit son époux offrir à son favori les cadeaux de mariage qu'il a reçus de la main de son beau-père, Philippe le Bel, Édouard a grandi dans la haine que se vouaient mutuellement ses parents. Il a reçu une éducation en français sans connaître l'anglais comme le veut la tradition chez les Plantagenêts depuis Guillaume le Conquérant. Vivant comme un prince de son rang, proclamé comte de Chester, il a observé sa mère, humiliée et maltraitée par son mari et ses mignons, rester une reine digne et loyale, malgré la confiscation de ses terres, la réduction de son douaire et l'espionnage de son courrier par les femmes des favoris. Il a mesuré sa rage grandissante. Et l'a vue se libérer.

Il avait douze ans, lorsqu'il est parti avec elle à Paris pour négocier la paix. Vers Noël 1325, il a assisté à la rencontre d'Isabelle avec Roger Mortimer de Wigmore, baron anglais en exil à la cour de France. Il était là lorsqu'elle est devenue sa maîtresse.

Otage maternel, il a subi le désir de vengeance et de pouvoir des deux amants. A participé au complot visant à déposer son père du trône.

Fin 1326, Isabelle et Mortimer ont gagné. Avec l'aide des barons anglais en désaccord avec la politique royale, ils sont parvenus à faire destituer puis emprisonner Édouard II au château de Kenilworth.

Le 1er février 1327, Édouard a été sacré roi d'Angleterre dans l'abbaye de Westminster. Un garçon de quatorze ans sur lequel on a posé une couronne si lourde et si large qu'on a dû la rembourrer pour qu'elle ne tombe pas lors de la cérémonie. Un roi sans rôle, ni pouvoir, assujetti à la régence d'un couple diabolique.

Son père a succombé dans sa geôle le 27 avril 1327. De chagrin, de tristesse, de mort naturelle, disait-on. Des soupçons de meurtre n'ont pas tardé à se propager, à venir jusqu'à lui. Il a entendu.

Son mariage contracté un an plus tôt avec Philippa de Hainaut, arrière-petite-fille de Philippe III et nièce du régent Philippe de Valois, a été officialisé le 24 janvier 1328, à la cathédrale d'York. Des noces somptueuses, certes, mais Philippa n'a pas été couronnée. Isabelle restait reine d'Angleterre. Et Mortimer, prince consort, présidait en monarque tournoi et réunion au Parlement dès qu'il le pouvait.

La France s'interroge sur ce nouveau prétendant. Asseoir un Anglais sur le trône de France ? Qui plus est un enfant sous l'influence d'une femme adultérine soupçonnée d'avoir commandité l'assassinat de son mari ? Cela semble totalement inacceptable. Certes, il parle français, a pour épouse l'arrière-petite-fille d'un Capétien et possède, selon le droit canon et civil, les qualités requises pour gouverner la France. On se tourne vers les juristes pour qu'ils se penchent sur le bien-fondé des droits d'Édouard III. Sont-ils légitimes, étant donné qu'ils lui viennent de sa mère, qui, elle-même, n'en a pas, selon la loi de « la primogéniture masculine » ? Et si Édouard se prévaut des droits de sa mère, Jeanne de Navarre, fille de Louis X, écartée du trône douze ans plus tôt par Philippe V, ne pourrait-elle pas aussi invoquer les siens ?

L'autre candidat, Philippe de Valois, paraît plus recommandable. Âgé de trente-quatre ans, marié à Jeanne de Bourgogne, il est un homme accompli et un chef militaire émérite à la loyauté sans faille. Il a su, durant la régence, montrer ses capacités à gouverner. Il n'est certes que le neveu de Philippe le Bel, mais il est né et a grandi en France. Son père, feu le comte Charles de Valois, était connu et honoré de tous. Au XIe siècle, l'abbé Suger de Saint-Denis préconisait que la France devait rester aux Français. Les pairs et les grands du royaume sont d'accord et s'appuient sur le code de Justinien pour affirmer que les droits des neveux sont supérieurs à ceux des cousins : Philippe VI ceint la couronne de France le 2 avril 1328.

À Westminster, les couloirs grondent de la fureur d'Isabelle. Deux évêques sont envoyés à Paris pour protester. Non seulement ils ne sont pas reçus mais Édouard est sommé de prêter serment pour le duché de Guyenne devant le nouveau souverain. Isabelle fulmine. Jamais son fils, sans arme, ne s'agenouillera devant Philippe VI, ne placera ses mains entre les siennes, attendant d'être relevé afin de recevoir un baiser sur la bouche ! Lui, le roi d'Angleterre, petit-fils de Philippe le Bel et d'Édouard Ier, deux rois craints et respectés de tous, reconnaître un petit comte comme suzerain ?! Un prince de sang se prosternant devant une pièce rapportée ?!

Sourd aux cris d'Isabelle, le Parlement anglais déclare, plus prudent, qu'Édouard n'a aucun droit sur la couronne de France et qu'il doit effectivement rendre hommage à Philippe VI pour la Guyenne. Au cours du siècle précédent, l'Angleterre avait perdu la Normandie, l'Anjou, le Maine et le Poitou. Du grand empire Plantagenêt et de la grande Aquitaine d'Henri II et d'Aliénor, il ne reste plus que la Guyenne. Il ne faudrait pas tout perdre – l'importation du vin et du sel, et l'exportation de la laine – à cause d'une harpie à l'ambition démesurée !

Édouard, lui, patiente. Son jeune âge l'empêche de faire valoir sa parole. Il est sur ses gardes : la France n'avait-elle pas accueilli Mortimer quand celui-ci était recherché mort ou vif en Angleterre, après avoir tenté de renverser son père ? N'est-ce pas sous les toits du Palais de la cité parisienne, trois ans plus tôt, qu'Isabelle, venue pour négocier la paix en Guyenne, avait succombé à ses avances ? Édouard se méfie de la famille de sa mère. Et encore plus de sa mère.

Il se range du côté du Parlement et s'exécute. Le 14 avril 1329, il accepte de renoncer au trône de

France et de prêter hommage à Philippe VI dans la cathédrale d'Amiens.

On prépare les logements qui accueilleront les Anglais, les princes de sang, les rois de Bohême, de Navarre et de Majorque. On aménage les lieux où se dérouleront les discussions, on prévoit huit jours de festivités, de banquets et de tournois. Tout est prêt pour que la cérémonie fixée le 6 juin soit un jour inoubliable. Il le sera, mais pas comme Philippe VI l'espérait.

Dans le chœur de la cathédrale, Édouard s'avance sur l'invitation du chambellan de France, pour faire hommage à Philippe VI « sans protestations ni retenues ». Il pose genou droit à terre mais ne joint pas les mains devant le roi de France. Sans protestations ni retenues, il accomplit un hommage simple mais non un hommage lige. Sans protestations ni retenues, il reconnaît Philippe VI comme son seigneur mais non comme son suzerain suprême. Le porte-parole anglais explique et argumente juridiquement le geste d'Édouard. Philippe, qui pensait être le premier souverain de France à avoir maté les Anglais, s'est fait rouler dans la farine. Par un enfant ! Il donne à l'insolent jusqu'à la fin du mois de juillet, puis jusqu'au 15 décembre 1330, pour s'acquitter de l'hommage lige.

Édouard, lui, est reparti en Angleterre satisfait : il a lâché une bombe à retardement qui va occuper les

Français et surtout détourner l'attention d'Isabelle et de son amant.

Il doit les éliminer avant qu'ils ne l'éliminent. Quoique roi d'Angleterre, il est encore sous la tutelle de sa mère et ne pourra gouverner qu'une fois sa majorité atteinte. Il sait qu'elle ne lui en laissera pas le temps. Se débarrasser d'un fils encombrant n'est pas plus difficile que de supprimer un mari gênant. Édouard la hait en silence. Avec le sourire, il l'observe le priver de son autorité, lui donne même parfois le plaisir de l'humilier. Elle, affairée à négocier avec la France, lui fiche la paix.

L'exécution de son oncle, Edmond de Woodstock, au mois de mars 1330, la naissance de son fils en juin, l'approche de l'anniversaire de ses dix-huit ans, en novembre, et la convocation le 19 octobre pour conspiration avec ses amis Guillaume de Montaigu, Édouard de Bohun, Robert Ufford, William Clinton et John Neville de Hornby, poussent Édouard à agir : « Il vaut mieux manger le chien qu'être mangé par le chien. »

Le soir du 19 octobre, escorté de ses cinq complices sursitaires, Édouard se faufile dans le château de Nottingham où Isabelle et Mortimer ont réuni quelques nobles acquis à leur cause pour décider de son sort. Aidés par le gouverneur du château, ils pénètrent dans les appartements royaux et font irruption au milieu de la discussion. Pris par surprise, le petit comité est désarmé, ceux qui résistent sont tués.

Mortimer est arrêté et conduit à la Tour de Londres où il est aussitôt accusé d'usurpation d'autorité royale et condamné à mort. Isabelle est exilée loin de la cour, au château de Rising dans le Norfolk.

Édouard III règne sur l'Angleterre.

9

Des « épousailles *per verba* » ont été prononcées avec Guy de Penthièvre, le frère de Jean III de Bretagne. Après un baron, le frère d'un duc ! Tu es si heureuse. Tu le clames partout. Le chanterais si tu pouvais.

Il n'y a pas de document écrit mais ces échanges oraux ont valeur de fiançailles. Et la promesse d'une alliance entre la dame de Belleville et le comte Guy de Penthièvre, vicomte de Limoges, anime déjà les conversations dans les forteresses de Bretagne. En attendant de fixer une date pour les noces, vous réfléchissez aux obligations et à l'indissolubilité que le mariage entraîne, vous vous préparez à la grâce conférée par ce sacrement. Toi, tu es sereine. Depuis la mort de ton mari, tu as eu le temps de penser à ton avenir et à tous les avantages que te procurera cette union.

Les douze ans passés à Châteaubriant te paraissent bien fades au regard de ce qui t'attend derrière l'enceinte polygonale de Guingamp, propriété des ducs de Bretagne. Des princes de sang, des archevêques et des rois prendront place à ta table. Comtes et barons se battront pour y être invités. Les meilleures équipes de chevaliers viendront s'affronter dans les lices de ton nouveau domaine et les plus beaux blasons enlumineront le champ du tournoi, comme des centaines de fleurs multicolores. Tu paraderas à la Cour ducale, vêtue de tenues taillées par la crème des coupeurs de robes de la région. Chacun de tes passages provoquera des silences flatteurs et des civilités cupides. Tu choisiras qui mérite ta considération ou ton indifférence. Tu distribueras ton amitié comme des restes de repas aux mendiants.

Ton nouveau domaine, apanage de la branche cadette de la maison de Bretagne, recouvre le Penthièvre et le Trégor. Sa puissance et sa fortune s'assoient sur de nombreux châteaux et seigneuries. Tu calcules. Qui n'envierait pas les revenus des terres de Penthièvre ajoutés à ceux de Belleville ? Gare à ceux qui tenteraient de s'en emparer ! La maison de Bretagne sera derrière toi. Et qui sait, si tu lui donnes un héritier ? Le duc Jean III, malgré ses trois mariages, n'a pas de postérité. Guy n'a qu'une fille, et boiteuse de surcroît. Toi, mère d'un duc…

Guy de Penthièvre nie soudain avoir annoncé et même songé à t'épouser. C'est Marie de Châtillon qui l'intéresse, issue d'une famille proche des Valois. Range tes toilettes somptueuses, oublie tes spéculations foncières et tes espoirs de maternité hégémonique. Tu n'as plus qu'à retourner sur tes terres.

Les sentiments se bousculent chez toi. La surprise, d'abord. Puis, la honte. *Jeanne de Belleville est une menteuse !* Une douleur moite t'envahit et te donne envie de plonger dans une cuve d'eau froide pour rapetisser. Devenir minuscule afin de te glisser dans ton ancienne vie.

Jeanne de Belleville est grotesque avec ses fantasmes de mariage ducal ! La colère monte. Formidable colère qui, d'un souffle, balaye toutes les émotions. Qui t'emplit de force et de résistance. Jeanne de Belleville n'est pas une victime. La Bretagne et ses laquais t'attendent vulnérable, ils te veulent pieds nus et en chemise, suppliante et pénitente. Tu ne leur accorderas pas ce plaisir. Qu'ils rient, panses emplies de vin et de graisse ! Qu'ils persiflent, qu'ils t'attaquent. Les femmes ont pour habitude de demander pardon. Pas toi.

Tu te défends. Des épousailles « *per verba* » ont bien été prononcées. Tu insistes.

Guy s'inquiète. Comment te faire taire ? En se réfugiant dans les plis de la robe du pape. En demandant à Jean XXII d'intervenir. Celui-ci nomme des juges experts de Rennes et de Vannes qui te citent à produire, en leur présence, les preuves de ton mariage. Si tu ne parviens pas à établir la véracité de ce que tu énonces, silence perpétuel te sera imposé. Sinon, Guy déposera une demande de nullité et recevra l'autorisation de se remarier. Peu importe l'issue de l'enquête, tu n'auras pas de noces. Le 10 février 1330, le Saint-Siège conclut en faveur de Guy.

As-tu cru un seul instant que tu gagnerais face au frère d'un duc ? Pourtant, tu es allée jusqu'au bout. Les experts t'ont interrogée, se sont renseignés auprès des proches. En te jugeant, te faisant passer pour une folle et une affabulatrice, ils ont brisé ta foi en la justice et ensemencé le germe d'un sentiment qui t'était jusque-là inconnu : la haine. Maudits soient les Penthièvre !

Rien ne t'empêchera de courir pour chercher à t'installer. Durant tes démêlés, tu as rencontré un autre homme. Il a trente ans et est veuf, comme toi. Olivier de Clisson.

10

Tu n'as pas perdu au change. Beau, bien fait et réputé, Olivier de Clisson l'est, incontestablement.

Son premier mariage, en 1320, avec Blanche de Bouville, fille du seigneur de Milly en Île-de-France et chambellan de Philippe le Bel, avait fait grand bruit. Le contrat avait été authentifié par Philippe V lui-même. Proche des deux familles, le roi n'avait d'ailleurs pas hésité à faire le voyage jusqu'à Clisson pour célébrer la noce où toute l'aristocratie française avait été conviée. Peut-être y étais-tu toi aussi ? Blanche et Olivier avaient eu une vie de couple comme tant d'autres, faite de séparations pour cause d'expéditions militaires, de fêtes dans la grande salle de leur château, de procès intentés pour récupérer des rentes ou des terres, de morts et de naissances dont une seule avait eu une heureuse issue, celle de Jean. Depuis un an, Blanche reposait dans un tombeau à la droite du grand autel de l'église des Cordeliers de Nantes. Gisant aux mains jointes, la tête sertie d'une couronne, le corps de pierre semblait avoir été étendu avec délicatesse. Depuis un an, Olivier vivait seul avec son fils dans l'énorme forteresse de Clisson. Il lui fallait une femme digne de son rang. En te dévisageant, ce baron célibataire à belle allure avait entrevu d'alléchantes promesses de prospérité. Toi, en lui renvoyant ses regards, avais perçu un seigneur promis à un bel avenir.

Olivier possède beaucoup de terres : des propriétés en Normandie, trois à l'intérieur de la Bretagne, d'autres au sud de la Loire, à la frontière de ton cher Poitou. C'est un seigneur des Marches comme ton grand-père, ton père et ton premier mari. Rusé jusqu'à l'opportunisme, il a tissé un lacis de liens familiaux et politiques solide, et réuni un patrimoine foncier cohérent et prospère grâce à une agriculture florissante – les vins de la région de Clisson sont renommés. S'il passe du côté des Anglais, la Bretagne est ouverte ! Hier les Capétiens et désormais le Valois lui pardonnent donc tout. Il côtoie la cour royale et a intégré les réseaux les plus influents. Olivier est chevalier de Philippe VI et non du duc de Bretagne. Son arbre généalogique, aux allures d'animal marin déroulant ses tentacules jusque dans la plupart des grandes familles bretonnes, est un soutien politique et militaire essentiel au roi de France. Tant pis s'il est impétueux et malmène la loi et la bienséance sans vergogne. Sans compter que la morgue et l'impudence font des ravages, une fois lâchées sur un champ de bataille. La bravade est la fille tapageuse de la bravoure. Et Olivier l'a dans le sang.

Déjà à Bouvines, deux Clisson avaient accompagné Philippe Auguste jusqu'à la victoire sur la coalition anglo-germano-flamande. C'est une famille de guerriers qui n'ont peur de rien et surtout pas des ducs de Bretagne. Ils les défient volontiers. Ainsi en 1230, alors que le duc Pierre de Mauclerc s'allie aux Anglais, ils s'opposent à son autorité en ouvrant les portes du château à Blanche de Castille et Louis IX. Trente ans plus tard, avide de montrer son pouvoir et ne supportant plus l'insubordination dont font preuve les Clisson, le duché ordonne la destruction de la forteresse de Blain, dont l'importance et l'impénétrabilité font de l'ombre au palais « de la Tour Neuve », pauvre et unique tour circulaire au pied de l'enceinte gallo-romaine de Nantes. Peine perdue : les Clisson reconstruiront un édifice encore plus grand, encore plus imprenable quelques années plus tard.

Des faits de gloire et des rancœurs qui ne s'oublient pas et se transmettent de génération en génération. En t'épousant, toi et ton indocilité, Olivier renoue avec la tradition familiale. Tu n'auras aucun mal à faire tienne leur devise : « Pour ce qu'il me plaist. »

Le petit navire a l'avantage de la souplesse sur l'imposante nef française qui se laisse surprendre comme une drôlesse au réveil. Maladroite, en proie aux récifs et aux fluctuations des profondeurs, la fleur de lys se laisse vite cueillir par les Bretons.

Bord à bord, les coques des vaisseaux craquent, se repoussent pour mieux se rejoindre. Joute de géants frappés par l'ivresse, les mâts se défient, tanguent les uns vers les autres. La Lionne sanglante en tête, les hommes sautent sur le pont français, s'élancent à l'assaut. Instinct de survie, réflexes militaires, les soldats reprennent leurs esprits et résistent à ces attaquants dont certains cognent comme des manants. Il n'y a plus dangereux adversaire que celui qui ne sait pas se battre : ses coups fusent imprécis, imprévisibles et hâtifs. Exaltés par le désespoir de perdre leur terre et l'espoir de rester en vie. Mieux aurait fallu tomber sur les Anglais. Un combat entre soldats. Loyal. Édouard III sait bien que la puissance navale vaut autant que celle sur terre : sa flotte n'est composée que de seigneurs de premier ordre. Lui-même ne rechigne pas à prendre la mer. Et voilà les Français rêvant d'une bataille entre chevaliers avec code de l'honneur et prise d'otages. Ils n'ont devant eux qu'une bande de barbares qui ne connaissent que la monnaie du sang. Une armée furieuse.

Plus petite que les autres, d'apparence plus frêle, la Lionne sanglante n'en est que plus acharnée. Elle sourit quand son épée transperce un corps, rit quand sa hache tranche une tête et continue de frapper les corps sans vie, jusqu'à ce qu'il ne reste plus qu'un tas de chairs informe. Les Français ont entendu parler d'elle, ont invoqué saint Pierre, prié saint Clément, imploré saint Christophe et supplié saint Nicolas pour ne pas avoir à l'affronter. Maintenant, ils s'adressent à la Vierge Marie, à Jésus, à Dieu. Une unique et même prière : périr les armes à la main, pas de noyade sinon leurs corps disparaîtront dans les profondeurs sombres, là où l'on suffoque, en enfer. Leur âme condamnée à errer gémira dès la tombée de la nuit, rugira lors des tempêtes, hurlera qu'on lui concède ce lieu de repos qui lui a été refusé.

Un bateau militaire français ! C'est Philippe VI en personne que la Lionne sanglante et son équipage chargent. Ils redoublent de brutalité et s'acharnent à plusieurs sur les survivants. Mousses, timoniers, charpentiers, archers, fantassins, personne n'est épargné.

Seul l'amiral est fait prisonnier. La Lionne sanglante se dirige vers l'arrière du bateau et fait sortir Olivier du château.

Guillaume décapite l'officier français. La tête vole, retombe sur le pont. Elle la ramasse, l'empale sur une pique. Le jeune Olivier prend le trophée sanglant et le brandit sous les acclamations de l'équipage. Une étincelle d'amour illumine le visage de la Lionne sanglante. Elle est heureuse. Aucune bataille livrée, aucun navire passé par le fond, aucun corps tombant sous ses coups, aucun amas de cadavres s'amoncelant devant elle, aussi haut soit-il, ne lui procure autant de satisfaction et d'apaisement que de voir son fils jouer avec la tête d'un soldat français.

Clisson

1330-1343

« En ces temps où les chevaliers
Sont effrayés
Et refusent de porter les armes
Pour montrer leur courage
Les dames vont tournoyer. »

Huon d'OISY (XIIe siècle)

11

Le 30 avril 1330, la non-consanguinité est prouvée, Olivier et toi obtenez la dispense du pape. Compte tenu des biens territoriaux et financiers que tu lui apportes, vous avez convenu oralement, mais sous la foi du serment, qu'il te cède à toi, et à vos enfants à naître, tous ses acquêts présents et le tiers de ceux à venir et qu'il te verse un douaire mensuel.

Joli mois de mai. Aujourd'hui, tu te maries. En drap frisé d'or ou d'argent et broché de soie, ta robe écarlate a été faite sur mesure par le meilleur coupeur de robes du Pays breton. Elle est bordée de passementerie et bridée sur les épaules. Le décolleté met en valeur ton buste et dévoile la ligne gracile de ton cou. Les manches étroites jusqu'au coude se terminent en pente mince et frôlent le sol. La jupe très longue resserrée à la taille souligne l'harmonie de ta silhouette. Tu as jeté sur les épaules un petit garde-corps d'hermine sans manches dont les deux pattes de devant se prolongent jusqu'aux cuisses. Tu es magnifique !

Tes coffres de vêtements, tes coffrets de bijoux et d'objets précieux ont été chargés sur des chariots. Ta fille, Louise, et sa nourrice sont installées confortablement dans un char.

En voiture, Jeanne ! Tu prends place au milieu des coussins et des couvertures dont on a matelassé l'intérieur de ton carrosse. Haut et de forme pyramidale, toiture et flancs recouverts de draps fins damassés garnis de fanons frangés d'or, il ressemble à une mitre géante. La bannière des Clisson aux « gueules au lion d'argent armé lampassé et couronné d'or » flotte en son sommet. Escorté de Guillaume Bérard, l'écuyer d'Olivier, d'hommes d'armes à pied et à cheval, tu quittes Montaigu une fois encore. Pas pour cause de deuil comme vingt-quatre ans plus tôt, à la mort de ton père, mais pour te marier.

Tu relèves les rideaux et te retournes pour regarder la forteresse où tu as vu le jour et à ses pieds la Maine, cette bonne grosse rivière qui t'offrait ses berges et ses fourrés d'ajonc comme terrain de jeux. Un peu plus loin, le clocher du monastère de femmes fondé par saint Martin à Saint-Georges-de-Montaigu s'estompe. Ah, la cité des Palauds ! Ce nom éclaboussé de tes rires d'enfant. Toi, pelotonnée contre ta nourrice, oubliant les écorchures aux genoux et les leçons de ton précepteur, tu écoutais la légende de ces gens qui, à la nuit tombée, équipés d'une pelle, essayaient de cueillir le reflet de la lune dans la Maine. Tu souris au passé. Tu ris à l'avenir.

En avant ! Dans un peu moins de cinq lieues, tu seras à Clisson.

Treize-Septiers et ses marécages, Saint-Hilaire-de-Loulay où vous entrez dans la forêt.

Des bûcherons et des paysans coupent des arbres, défrichent avec ardeur afin de gagner quelques mètres de terres cultivables. Des chèvres affolées par le tohu-bohu de votre équipage s'enfuient à travers les broussailles, bousculant sur leur passage un cueilleur de baies concentré sur sa tâche qui se retrouve cul par terre. Les hommes s'esclaffent, l'un d'eux lui lance une boutade, il se relève, l'air déboussolé, et s'empresse de s'incliner en voyant le cortège.

Le sentier se rétrécit, on ralentit. Des racines aux nœuds cagneux et ventripotents forcent la voiture à avancer comme une grosse bête de somme balourde et vacillante. La pluie et l'humidité ont cavé le sol par endroits, les roues s'enfoncent dans la vase, rebondissent sur des morceaux de roche saillants. Tu sursautes et chavires de gauche à droite. Des voix s'élèvent. Le convoi s'immobilise. Guillaume Bérard vient t'informer : un bœuf s'est mis en travers du chemin. Le déloger prend quelques minutes avant que vous puissiez reprendre votre route. Tu t'en moques. Rien ne peut assombrir cette journée.

La route s'élargit et s'ouvre sur une clairière habitée de quelques familles qui viennent à votre rencontre présenter leurs hommages. La forêt s'obscurcit : hêtres, pins maritimes, châtaigniers, chênes et bosquets de frênes forment un labyrinthe protecteur et embrassant. À leurs pieds, des feuilles sèches s'amoncellent en un lit moelleux pour accueillir les créatures magiques des bois, sommeillant paisiblement avant de s'en aller folâtrer parmi les fougères au clair de lune. Un berger adossé à une énorme pierre surveille des chèvres et des moutons. Il se découvre à votre passage.

La clarté prend le pas sur l'obscurité, les feuillages sont moins denses, le vent parvient à s'y glisser. L'air s'allège, devient plus sec, le sol se raffermit. Droit devant, à la sortie du bois, tu distingues des silhouettes. Des voix se mêlent au cahotement du carrosse et des chariots. C'est Amaury de Clisson, le frère cadet d'Olivier, seigneur de la Blandinaye en Bretagne et d'Avrillé en Anjou.

Vêtu d'un surcot ajusté et boutonné du col au bas de la taille, il est venu à ta rencontre accompagné de quelques hommes. Une fine ceinture garnie de plaques d'orfèvrerie posée lâche à la hauteur des hanches descend plus d'un côté que de l'autre. Il est à la mode.

Tu es sur les terres d'Olivier. As-tu fait bon voyage ? Pas trop fatiguée ? Il ne reste plus qu'une demi-lieue à parcourir.

Amaury donne le signal. Il chevauche à côté de ton char, te fait la conversation. À nouveau vous vous enfoncez dans la forêt, celle qui s'étend de Saint-Hilaire-du-Bois à Aigrefeuille, où ton futur époux chasse le gros gibier. Pour les lièvres, les lapins, les renards, les perdrix et les faisans, il préfère sa garenne de Gétigné. Amaury te parle de la châtellenie et des deux mille quatre cents âmes qui y habitent, du champ de foire qui rassemble six fois dans l'année les bêtes à cornes et les chevaux du Pays nantais et, au-delà, des moulins à eau sur les cours de la Sèvre allant jusqu'à Château-Thébaud. Il y en a à chaque barrage ! Et parfois même sur les deux rives. On y moud le grain et on y foule la laine ou le drap : Clisson est réputé pour la fabrication du droguet, serge de laine utilisée pour la confection des bures et des vêtements masculins. La toile s'exporte en grande quantité jusque de l'autre côté de la Manche.

Vous traversez des vignes. Amaury arrête le convoi. Les longues pointes des manches de son surcot balayent le paysage, comme pour récolter tout ce qu'elles frôlent, et le ramener en un point : les remparts de Clisson, serrant tout contre eux les petites maisons en pierre de la cité, rangées de quenottes surgies du sol au petit bonheur et d'où émerge la forteresse, vaisseau de granit prêt à prendre le ciel d'assaut d'un air déterminé.

Vous vous engagez sur le pont qui relie la citadelle au reste du monde. Il est robuste, avec son parapet massif et ses cinq piles protégées par des éperons de la force des courants, des glaces hivernales et des troncs d'arbres égarés.

Des habitants se sont amassés derrière la porte à pont-levis ouverte. Ils se pressent autour de ton carrosse, te suivent lorsque tu passes sous les deux tours rondes de la porte Saint-Jacques au son des trompettes des hérauts. Les cloches sonnent à toute volée. Des gens sortent des maisons et des commerces, agrandissent le cortège qui, dans les voies étroites et coudées, se resserre jusqu'à n'être plus qu'un long ruban se déroulant à travers la ville.

Les trois jours de fête ont déjà commencé ! Les quartiers ont été décorés, les façades des maisons piquées de bouquets de guirlandes de feuillages, des tables sur des tréteaux débordent des places jusque dans les venelles. Les odeurs de volailles rôtissant se mélangent aux parfums des herbes recouvrant les pavés. Enhardie par le pouls des tambourins, la foule s'est lancée dans des farandoles exubérantes. Partout l'on danse, l'on mange, l'on boit, l'on chante sous les encouragements « du lion d'argent armé lampassé et couronné d'or » qui, la gueule grande ouverte, feule la devise des Clisson sur les blasons : « Pour ce qu'il me plaist. »

Olivier se tient au milieu de l'assemblée réunie sur le parvis de l'église. Il se déplace d'une personne à l'autre comme s'il ondulait. Il parle, les épaules légèrement dégagées à l'arrière, les mains en mouvement, soulignant que quoi qu'on puisse dire ce ne sera jamais aussi important que ce qu'il vient d'annoncer et insinuant combien il est clair qu'on ne peut qu'acquiescer à ces propos.

Ta mère est là. Il est loin le temps où les troubadours se pâmaient pour elle. Sa beauté est usée et tu sais que sa guimpe cache une chevelure saupoudrée de blanc. À cinquante-cinq ans, elle a atteint les rives du grand âge et consacre désormais son temps aux prières et à la répartition de dons aux monastères et abbayes de Palluau. Il y a aussi ton fils Geoffroy, fier seigneur de quinze ans. Tu avais à peine son âge lorsque tu avais épousé son père. La jeune et innocente épouse du baron de Châteaubriant bâille au fond de toi.

D'une désinvolture appuyée, dans une ample ganache bleue brodée de volutes et de lions aux reflets ambrés, doublée d'hermine le couvrant jusqu'aux pieds, Olivier ouvre les bras en te voyant descendre du char. Ses cheveux blonds, ceints d'un chapel garni de pierre, se confondent avec la fourrure de son peliçon. L'évêque de Nantes paraît bien falot à ses côtés, malgré sa chasuble de soie pourpre parsemée de ramages et d'oiseaux tissés de fils d'or.

Ton fils t'accompagne jusqu'à Olivier. Lui remet ta main.

Plus un bruit. Pas une objection à votre union. L'évêque vous invite à entrer dans l'église, à avancer jusqu'à l'autel. Tu n'as plus peur de rien. Que Dieu te bénisse, Jeanne de Belleville, dame de Clisson.

Dans la grande salle de réception au rez-de-chaussée du logis seigneurial, baignée par la lumière de la fenêtre aux dimensions colossales qui contemple le confluent de la Sèvre et du Moine et les coteaux boisés de la garenne de Gétigné, Olivier, fidèle à sa réputation de grand seigneur, a tout organisé magnifiquement. Des tentures aux couleurs de Clisson tapissent les murs, le manteau de la grande cheminée peine à contenir la frénésie des flammes. Des musiciens, des troubadours, des comédiens se succèdent dans la tribune au bout de la galerie. En cuisine, des garçons activent le brasier des deux cheminées jumelées connues dans les environs pour contenir un bœuf entier, tournent la broche sous la surveillance des rôtisseurs. Des valets font des allers-retours vers le passe-plat creusé entre le mur de la cuisine et de la grande salle où les tables plient sous le gibier, les poissons en croûte, les coupes de fruits et les tonneaux de vin. Pages et écuyers circulent entre les invités, se hâtent de trancher la viande et de servir la prestigieuse assemblée. Les gobelets d'argent martelé s'achoppent aux hanaps d'étain. L'ivoire des manches de couteau sculptés, les pierres fines des parures et les perles des orfrois papillonnent sous la lueur des candélabres comme des feux follets suspendus à une nuit d'été. Et toi, tu les regardes, ces visages riant aux joues enflammées par l'alcool, ces fronts hauts et placides masquant d'ignobles ruses et pensées, ces mains baguées d'or et d'émaux, encore tachées des malversations de la veille, qui se posent amicalement sur des épaules lourdes de brocart, d'orfrois et de trahison, ces fourrures qui frissonnent d'effroi aux souvenirs des crimes dont elles ont été témoins. Toute la noblesse est là. Si le duc de Bretagne ou le Valois convoquaient subitement le ban et l'arrière-ban de l'Ost, la pièce serait déserte en un instant. La plupart assistaient déjà à ton premier mariage et seront présents à celui de tes enfants.

Assis en rang sur les bancs de pierre adossés aux murs, c'est à celui qui lèvera son verre le plus haut, qui te souhaitera bonheur et prospérité le premier, qui louera le mieux l'honneur et la bravoure de vos familles, comme quelques semaines auparavant ils se précipitaient pour témoigner que tu mentais en affirmant que Guy de Penthièvre avait promis de t'épouser, pour colporter ton aptitude à la tromperie et pour insinuer ton déséquilibre mental. Oui, c'est bien cette folle de Jeanne de Belleville qui trône dans la salle ! Cette hâbleuse impossible à museler sans faire intervenir le pape glissera dans son aumônière les clefs de la forteresse de Clisson.

La fête, par son luxe et son opulence, a prouvé la richesse d'Olivier. Les invités n'ont encore rien vu. Au centre de la tribune dressée sur la prairie des Chevaliers où se déroule le tournoi, tu attends qu'il fasse son entrée. Qu'il démontre maintenant sa force et son courage physique.

Dans les lices, les palefreniers et écuyers vérifient les montures, calment leur agitation. Bourdons pointant leur dard vers le ciel, les jeunes chevaliers fraîchement adoubés s'impatientent, la lance calée à l'éperon. Ils veulent en découdre, montrer qu'ils sont les plus vaillants. Qui sait si, parmi les femmes dans les tribunes, ne se trouve pas une héritière à la recherche d'un mari ou une veuve en attente d'une nouvelle noce. Fol espoir de saisir une dot.

Enfin, Olivier paraît. Son armure soigneusement polie étincelle. À n'en pas douter, elle vient des meilleurs ateliers de Poitiers, Bourges, Beauvais ou même, comme ceux des rois, de Paris. Derrière lui, son écuyer, Guillaume Bérard, porte l'armement. Olivier défile. Parade. On voit qu'il aime ça.

Les hérauts donnent le signal. Bacheliers, chevaliers s'affrontent. Les ménestrels comptent les points. Il y a des blessés.

Guillaume Bérard aide Olivier à monter à cheval, à accrocher la lance horizontalement au faucre fixé sur le côté droit de sa cuirasse, lui tend l'écu. Colosse de fer dans son armure, tu ne crains rien pour lui. Il est robuste, téméraire et habile au combat. Sa renommée s'étend jusqu'à la cour de Philippe VI.

Au loin, les chaînes du pont-levis des remparts gémissent, les poulies grincent, la porte se referme. Les derniers invités sont partis avant le crépuscule. Au pied de la façade extérieure du donjon, le chant des grenouilles s'élève de la douve, s'engouffre dans le trou d'évacuation du fourneau de la forge utilisée pour la réparation des armes et engins de guerre et s'immisce dans la conversation des gardes prenant leur tour sur le chemin de ronde.

L'amour prend sa source dans des zones parfois curieuses. On tombe amoureux de la beauté, de l'intelligence, du pouvoir mais aussi de la puissance qu'il nous insuffle et du refuge qu'il nous propose. D'un pas sûr, tu vas rejoindre Olivier dans votre appartement, au premier étage du logis seigneurial. Tu arpentes les couloirs au rythme des clefs des chambres, cabinets, pièces et salles se balançant à ta ceinture. Tes clefs. Ton château. Ta cité. Tes remparts. Ton monde. Le reste peut s'écrouler, Clisson restera debout.

12

Vous êtes deux pour gérer le vaste territoire que représente l'alliance de Belleville et de Clisson, mais Olivier consacre beaucoup de temps à la politique, à la recherche de nouvelles complicités seigneuriales, à étendre son influence en Bretagne et au-delà. Il s'absente souvent. Et quand il est là, il rend visite à ses châtelains, s'entraîne avec ses hommes d'armes, chasse dans ses garennes et s'occupe de décréter les droits de ban économiques, militaires et judiciaires.

Ah, rendre la justice ! Olivier, entouré d'un procureur fiscal et de son substitut, d'un greffier, d'un lieutenant et d'un sergent, face au public venu assister au spectacle, règle les litiges entre ses sujets, punit les délits mineurs comme les crimes de sang. Il pose son veto ou donne son accord dans les affaires de rentes, de contrats et d'héritages, évalue la gravité des infractions, fixe le montant des amendes, fait apposer des scellés, nomme des tuteurs, inventorie des biens, jette manants, serfs et vassaux au cachot ou les envoie à la fourche patibulaire – avec l'approbation des juges royaux. Chacun de ses arbitrages est une confirmation de sa puissance. Dans l'enceinte de l'auditoire de Clisson, il y a Dieu et, juste en dessous, Olivier.

Tu t'actives en coulisses.

Outre le sel et les vignobles dont tu surveilles la production, la vente et les exportations, tu t'es aussi familiarisée avec l'exploitation des carrières de granit de la seigneurie et des mines de fer en Normandie.

Tu encourages les deux marchés hebdomadaires du mardi et du vendredi, les six foires annuelles. Tu contrôles avec les prévôts que les règlements édictés par Olivier ont bien été appliqués, comme le banvin, ce droit qui vous donne le monopole de la vente du vin sur la seigneurie pendant trente à quarante jours après l'autorisation administrative – proclamée par Olivier – de commencer la récolte du raisin. Tu vérifies la perception des banalités sur les fours, les moulins et les pressoirs à la disposition des Clissonnais, de la taille qui garantit leur protection, des taxes sur le charriage pour le transport des céréales, des péages, des redevances et des impôts directs et indirects. Et puis bien sûr, il y a l'intendance du château et de son personnel, et l'organisation de la vie familiale. Car tu t'occupes de Jean, le fils d'Olivier, de Louise, ta fille, et de votre premier enfant, Isabeau, qui vient de naître. Tu règles, administres, ordonnes et coordonnes.

Le nom de Clisson résonne-t-il trop peu en Anjou avec seulement les fiefs de Champtoceaux et de Sainte-Gemmes-sur-Loire ? En novembre 1333, Olivier arrange le mariage de son frère Amaury avec Isabeau de Remefort, héritière de terres au nord d'Angers. Pas un tournoi ni une chasse sans qu'il ne soit invité, pas une expédition militaire sans qu'il ne soit convoqué. On recherche son amitié, on flatte son jugement, on glorifie sa hardiesse, on admire son sens des affaires.

Olivier guerroie, intrigue, parade, palabre.

Il s'enivre de lui-même et de son nom. Penché sur l'échiquier de son domaine, en expansion depuis qu'il a la main sur les terres de Belleville, il compte ses gains, avance ses cavaliers, se concentre sur la capture prochaine d'une propriété voisine et se demande quelle pièce maîtresse pourrait le rapprocher du roi. Échec à la dame de Belleville : quatre ans après votre mariage et alors que tu es enceinte de votre deuxième enfant, Olivier n'a toujours pas versé le douaire mensuel qui avait été prévu le 9 février 1330. Cette situation ne peut pas perdurer. Et si Olivier venait à mourir ? Il a un fils de son premier mariage, Jean. Un frère, Amaury. Quelle place tes enfants et toi auriez-vous dans l'héritage ?

Tu t'inquiètes d'autant plus que la pension annuelle de deux mille livres tournois que tu devais verser à la veuve de ton frère, Béatrix de Cayeux (sœur Béatrix, depuis qu'elle a pris le voile au monastère Saint-Louis-de-Poissy), et dont tu t'acquittais invariablement avant ton mariage, a été suspendue par Olivier. Ne chercherait-il pas à faire de même avec ton douaire ?

Tu t'étonnes auprès de lui des accords conclus avant vos noces qui n'ont pas été respectés et de la rente que tu n'as jamais reçue. *Le mois prochain, Jeanne !* Tu lui rappelles. *Le mois prochain, Jeanne !* Tu lui réclames. *Le mois prochain, Jeanne !* Les sentiments les plus durs montent en toi, les pensées les plus ignobles et les mots les plus infâmes se bousculent pour le nommer. Aimer, c'est aussi détester.

Imaginait-il que tu ne réagirais pas ? A-t-il déjà oublié que, quelques mois avant votre mariage, tu t'étais opposée au frère du duc de Bretagne ? Et toutes ces années passées à ses côtés, où tu l'as vu manigancer pour s'attirer les faveurs du pouvoir et se saisir de quelques parcelles de terrain en plus ? Il t'a enseigné l'art de la manipulation, les moyens de déceler les failles de la justice et les faiblesses des adversaires. Il a été bon professeur. Et toi bonne élève. Tu le cites devant Philippe VI. L'autorité royale semble être la seule qu'il reconnaisse un tant soit peu.

Tu n'as pas de preuve écrite de l'accord passé entre Olivier et toi. Mais tu as des témoins : ton ex-beau-frère, Jean de Châteaubriant, un prêtre, un écuyer et un clerc. Tous certifient que, le 9 février 1330, Olivier s'est engagé sous la foi du serment à te donner à toi et à votre descendance « les acquêts présents et le tiers de ceux à venir ». Philippe VI ordonne une enquête. Les témoins sont reconnus de bonne foi. En septembre 1334, Isabeau, votre fille âgée de trois ans, Maurice, le fils que tu viens de mettre au monde (qui ne survivra pas), vos enfants à venir et toi, obtenez du roi la ratification de certaines clauses de ton contrat de mariage et notamment que les rentes de la « châtellenie de Blain et ses appartenances, des terres en la paroisse de Pont-Château et les lieux prochains » vous reviennent. Tu as gagné.

Olivier a-t-il été étonné ? En colère ? S'est-il senti trahi ? Cynique et batailleur : seuls les combats avec des adversaires de sa trempe l'amusent. Les autres, les malingres, les geignards et les souffreteux, il les piétine. Il méprise la faiblesse. Plus que le respect des termes d'un contrat passé entre lui et toi et du règlement de ton douaire, le vrai trophée que tu remportes au terme de cette affaire est sa considération. Plus que l'échange des anneaux et des consentements lors de votre mariage, ce procès scelle votre union, il est le frontispice de votre vie à deux. Si la haine naît de l'amour, l'amour peut naître du conflit. Et quelques mois plus tard tu donnes naissance à un nouvel enfant, un garçon : Guillaume.

Deux ans passent. En 1336, ton ex-belle-sœur, sœur Béatrix, réclame sa pension plus les arriérés des années qui ne lui ont pas été versés. Olivier prétend avoir payé. Il ne peut que se féliciter de t'avoir à ses côtés dans cette histoire – qui sait ce dont tu aurais été capable pour lui nuire ?

Née Cayeux, une des meilleures maisons picardes, sœur Béatrix s'est retirée dans l'un des plus riches couvents de France : le monastère Saint-Louis-de-Poissy, fondé en 1304 par Philippe le Bel en l'honneur de son grand-père, sept ans après sa canonisation et dans sa ville de naissance et de baptême. Cet illustre établissement n'accepte que les filles d'excellente famille sachant lire, écrire et chanter. Instruite, veuve de ton frère avec qui elle a partagé la vie et la gestion de Belleville, sœur Béatrix n'est pas une oie blanche, elle n'a nullement l'intention de se laisser spolier. Le monastère à qui elle reverse sa rente, non plus. Elle vous intente un procès. Malgré vos objections scandalisées, vos allégations de bonne foi, le Parlement ordonne une enquête. La procédure est en marche, toi et Olivier d'un côté, sœur Béatrix et le monastère Saint-Louis-de-Poissy de l'autre. Un couple riche et puissant, dominant une part conséquente de l'extrémité méridionale de la Bretagne, de la Vendée et du Bas-Poitou jusqu'aux possessions anglaises de la Guyenne, dont la fidélité au royaume de France est indispensable, face à une institution religieuse prestigieuse qui comprend en son sein une résidence royale et pour laquelle le roi bénéficie d'un droit de regard pour l'admission de nouvelles novices. Une affaire politiquement délicate qui n'est pas près d'être résolue.

Au même moment et non loin de Clisson, une histoire impliquant une autre grande famille défraye les chroniques et occupe les soirées bretonnes et poitevines : Girard III de Chabot, seigneur de Rais et de Machecoul, dit le Benoist, est poursuivi par sa propre fille, Jeanne. À croire que ce prénom porte en lui les gènes de la rébellion.

Girard est non seulement le cousin d'Olivier par sa mère, mais il est aussi ton oncle – sa femme Marie-Clémence de Parthenay est la sœur de ta mère. Ses terres jouxtent celles de Belleville en Poitou et vous vous partagez l'île de Bouin.

Quelques années plus tôt, en 1333, sa fille aînée Jeanne, à peine âgée de quatorze ans, est tombée éperdument amoureuse de Jean de la Muce, un jeune garçon issu de la petite noblesse poitevine envoyé en apprentissage chez les sires de Rais. Jeanne, qui connaît son père et les projets d'alliance de haute lignée qu'il a en tête pour elle, le devance et se marie en cachette. Mis devant le fait accompli, Girard ne peut y croire. Un valet ! Un fils de nobliau ! Qui plus est un parent de ce Guillaume de la Muce qui, il y a quelques années, eut l'outrecuidance d'accuser le seigneur de Rochefort d'avoir enlevé sa femme et s'est permis d'injurier le duc de Bretagne devant le roi de France ! Cette union est inconcevable !

Ce que Dieu a uni, l'homme ne peut le défaire, mais la loi permet d'éviter les catastrophes. Profitant de la minorité de sa fille, il lui fait signer un acte de renonciation à toute succession issue de ses père et mère, lui octroie une dot minimale et la déclare émancipée devant notaire.

Un arrangement inique mais Jeanne s'en moque : elle l'accepte, se fichant bien des mauvaises langues qui la surnomment désormais Jeanne la Folle, et s'en va, déshéritée mais amoureuse.

Les années passent et Girard n'entend plus parler d'elle.

Jusqu'en ce jour de 1336, où il perd son fils unique. Il est accablé : il ne lui reste plus que son petit-fils, Girard – comme lui –, et cette fille dont il pensait avoir oublié jusqu'au prénom. Une péronnelle qui lui a fait perdre l'opportunité de gagner plus d'argent et de pouvoir. Une ingrate qui a osé désobéir à son propre père. Une folle qui pense avec son cœur comme si la vie était un roman. À cinquante-six ans, le Benoist connaît la vie, elle ne ressemble en rien aux histoires des troubadours. Depuis deux siècles, ses ancêtres et lui ont conquis les terres de Rais et de Machecoul à la force de l'épée et de la ruse. Que se passerait-il s'il disparaissait maintenant alors que Girard, seul héritier mâle, dernier espoir de postérité et d'unité du patrimoine familial, est encore mineur ? Qu'adviendrait-il si sa fourbe de fille, devenue majeure, revendiquait l'héritage ou même une partie ? Ces terres que lui et ses ancêtres ont mis trois siècles à réunir tomberaient entre les mains des de la Muce. Il doit agir vite, s'en remettre une fois encore à la loi et faire renouveler l'acte d'abandon de Jeanne afin que son petit-fils hérite de tous ses biens et de ceux de sa femme.

Jeanne, moins frivole que trois ans auparavant et plus folle du tout, jouissant du soutien de son mari et de sa belle-famille, proteste et refuse catégoriquement de signer. Son père s'obstine. La menace. Elle lui intente un procès.

Avant de porter l'affaire devant le tribunal, la justice, consciente du poids du seigneur de Rais dans le Bas-Poitou mais aussi de l'indignité de sa conduite, demande aux deux parties d'essayer de trouver un accord. On discute, on propose, on tente de concilier : rien n'y fait, chacun campe sur ses positions.

Olivier et toi entrez en scène : le tribunal, embarrassé par l'ampleur que prend l'histoire et « soucieux de son Salut et de celui des prévenus », charge ton mari, « renommé par ses lumières et sa loyauté de déclarer haut et bas », de trancher.

Durant de longs mois, prenant sa mission très au sérieux, il s'informe, entend les témoignages des proches des deux parties, prend conseil auprès de sages et d'hommes de loi. Il examine, envisage, cogite. Et ensemble, vous réfléchissez au mieux de vos intérêts.

Olivier ne tarde pas à rendre un verdict sans équivoque : l'émancipation de Jeanne faite par son père alors qu'elle était mineure est irrégulière – « sans garder solennité de droit et de coutume » – puisqu'elle a été entendue chez un notaire et non dans un tribunal. Ainsi, son acte de renonciation à l'héritage n'est pas valable. Quant à la demande de reconduction de cet acte, Jeanne et son mari ayant reçu des pressions et des menaces, elle est totalement illégale. Girard n'a pas agi selon la loi et surtout n'a pas respecté son engagement devant Dieu, qui l'oblige en tant que père à pourvoir aux besoins de son enfant. Une faute passible de damnation de l'âme.

En conclusion : Jeanne de la Muce est en droit d'hériter. Et Olivier, en vertu de l'autorité qui lui a été déléguée, somme Girard et sa femme de donner à leur fille « à titre de réserve héréditaire quatre cents livres tournois de rente en propriété des terres de son père, trois cents de celles de sa mère et en cas de décès sans héritier de son frère, elle héritera de tous les biens des Seigneurs de Rays ».

En outre, Olivier sera désigné tuteur du jeune Girard, pour l'heure âgé de treize ans, s'il était encore mineur à la mort de son grand-père.

Le Parlement, les procureurs, les juges, tous les barons de la justice et le roi se débarrassent d'une affaire encombrante pour le royaume, vous offrent la possibilité d'étendre encore votre influence dans le Poitou tout en apaisant la colère des perdants et en donnant espoir aux victimes. Girard de Chabot et sa fille, badauds naïfs, rabattus par la justice, ont remis leur sort entre vos mains agiles. Olivier et toi, escamoteurs de talent manipulant les jugements, les témoignages, les ordonnances, le droit coutumier et le droit moral, nommés maîtres de la partie. *Seigneur de Rais, à vous l'honneur : Choisissez-vous les cases noires ou les cases blanches du damier ? Sûr de votre choix, Messire ? C'est parti ! Les dés sont jetés ! Dommage, ils sont tombés sur la couleur de votre fille ! Une partie de votre héritage lui revient à elle et à son mari. Mais n'ayez crainte : votre petit-fils Girard aura le reste et si par malheur la mort vous attrape avant sa majorité, Olivier de Clisson et son épouse Jeanne de Belleville veilleront sur sa fortune et le bon déroulement des transactions et opérations immobilières ou militaires qu'il devra mener. Les terres de Clisson-Belleville sont si proches de celles de Rais-Machecoul ! Vous vous partagez même l'île de Bouin, ce véritable grenier à sel ! C'est dire si les Clisson vont prendre leur mission de tuteurs à cœur !*

À vous, dame de la Muce ! Ayez confiance ! Nous ne voulons que votre bonne fortune ! Soufflez, soufflez sur les dés avant de les lancer, il paraît que cela porte chance ! Gagné ! Vous pouvez vous réjouir du retour de votre nom dans le testament familial et du versement d'une rente. Un sacré coup porté à l'autorité et au pouvoir de votre père ! Vous avez votre vengeance, et ce, grâce à vos bienfaiteurs, qui, par là même, déploient un peu plus leur emprise sur le Poitou. Ô combien vous leur êtes désormais redevables ! Seigneur de Rais, dame de la Muce, voulez-vous retenter un tour ou laissez-vous le seigneur de Clisson et la dame de Belleville remporter la partie ? Trop tard, ils sont partis exercer leurs talents plus loin.

En l'occurrence, à Thouars, où vous avez été choisis comme les tuteurs d'Amaury de Craon. Un cousin d'Olivier, orphelin mais héritier d'un vaste fief au sud de l'Anjou et à l'entrée du Poitou.

Un allié de plus, votre réseau s'agrandit encore. Votre famille, aussi.

En avril 1336, un petit garçon est né à Clisson : Olivier, comme son père. Qui n'est pas là lorsque tu accouches. Il est en campagne avec le roi de France.

La ventrière dit qu'il est robuste et plein de vie. Tu l'as déjà remarqué lorsque tu lui as attaché autour du cou, comme à Isabeau et Guillaume, la bulle renfermant un bref au nom de la Vierge pour le protéger des accidents et des maléfices.

Dès sa naissance, des hérauts sont partis l'annoncer alentour. Son père se trouvait à l'entrée de la cité, revenant de son expédition victorieuse contre une troupe de militaires anglais quand il a appris la venue au monde d'un nouveau fils. Fou de bonheur, descendant de son cheval et s'agenouillant, il s'est exclamé : « Joie dehors la ville ! Et joie dans la ville ! Toutes les joies viennent de Dieu ! », et a entrepris à cet endroit la construction d'une chapelle : Notre-Dame-de-Toutes-Joies.

13

« Tant que la chrétienté est en proie aux discordes intestines, il peut être téméraire de s'avancer en Orient. Ne voit-on pas l'Angleterre et l'Écosse en conflit, l'Allemagne en agitation, la Toscane, la Lombardie, la Pouille et la Sicile en pleine anarchie… Admettons que vous persistiez à conduire la croisade, malgré les discordes des chrétiens, et que vous soyez vaincus. Cette défaite ne serait-elle pas pour vous un déshonneur ? Ne feriez-vous pas l'objet d'insultes des infidèles, avec toute la chrétienté ? Par prudence, et devant l'importunité des circonstances, je renvoie la croisade à des temps meilleurs. En conséquence, je relève le roi Philippe de France de ses vœux et le délie de son serment… »

Le 1er août 1336, le rêve de Philippe VI s'effondre. Le pape, Benoît XII, vient d'annuler la croisade à laquelle il se prépare depuis cinq ans. Les galères affrétées dans le port de Marseille, l'accord des seigneurs et chefs de contingent pour l'accompagner, les fonds nécessaires à l'expédition levés, tout était réglé. Il ne manquait que le point de ralliement général pour le rassemblement des troupes.

Le roi de France est amer. Lui, fidèle parmi les fidèles, préoccupé d'interrogations théologiques, qui reçoit les maîtres étudiant la vision béatifique pour discuter du verset 8 du chapitre 5 de l'Évangile selon Matthieu : « Heureux les cœurs purs, car ils verront Dieu. » Lui, pécheur cherchant sans cesse la pénitence, assurant de son soutien financier et moral les ordres religieux et toujours prompt à un pèlerinage. N'était-il pas en 1323 à Notre-Dame-de-Boulogne et à Rocamadour ? En 1330 à Paulcroix ? Et en cette année 1336 à Marseille ?

Quelle joie lorsqu'il s'était vu désigné en 1331 par Jean XXII – le prédécesseur de Benoît XII – pour commander les Croisés, en tant que souverain du trône le plus prestigieux de la chrétienté ! Il répondait au prêche du pape. Au message de Dieu. Il remplissait un devoir sacré comme avant lui Philippe Auguste et Louis IX. Il allait entrer dans les traités d'histoire universelle, que renferme sa bibliothèque, à la suite de ces grands rois dont le prestige et l'autorité étaient reconnus par les vassaux – même les plus rebelles –, le Saint-Siège et les souverains étrangers. Cette autorité qui lui fait tant défaut depuis son avènement au trône.

Il avait pourtant cru, un temps, à l'apaisement des relations franco-anglaises. Il avait pensé que sa patience de quadragénaire viendrait à bout des provocations adolescentes d'Édouard III. Après que celui-ci l'eut humilié en ne déclarant pas comme lige l'hommage prêté à Amiens le 6 juin 1329 pour le territoire de Guyenne, ne lui avait-il pas donné par deux fois la possibilité de revenir sur sa décision ? Il pensait avoir remporté la partie, lors de leur entrevue secrète de Pont-Sainte-Maxence, en avril 1331, où Édouard III avait finalement dit regretter son geste et souhaiter le reconnaître comme suzerain... Confiant, satisfait d'avoir évité un conflit, il n'avait pas exigé que l'on renouvelle la cérémonie. S'était contenté de sceller le début de ces bonnes relations en invitant l'Anglais à l'accompagner pour la croisade. Une main tendue qui lui permettait aussi de ne pas laisser le jeune fauve régner seul sur l'Occident pendant qu'il se battait en Orient. Optimiste mais pas naïf.

L'Anglais avait hésité : Oui, pourquoi pas... l'Angleterre a-t-elle les moyens ?... le Parlement doit se prononcer... Peut-être bien, mais à la condition que la France restitue certaines terres en Aquitaine perdues en 1330.

Et pendant que Philippe VI faisait coudre la croix sur ses vêtements en attendant une réponse de Westminster qu'il ne pouvait imaginer négative, Édouard III, en expédition en Écosse, remportait une victoire éclatante à Halidon Hill, renversait

David, jeune roi de dix ans allié des Français, pour mettre Édouard Balliol, son candidat, à la place.

Avertis trop tard, les Français n'avaient pas pu porter secours aux frères écossais comme le prévoyait l'*Auld Alliance* signée en 1296 par Philippe le Bel. Et tandis que Philippe VI accueillait David, le jeune roi déchu, dans la forteresse normande de Château-Gaillard construite par Richard Cœur de Lion, Édouard III recevait l'hommage d'Édouard Balliol, le nouveau souverain d'Écosse.

Philippe VI avait brandi son dernier atout. Il avait offert d'échanger les terres d'Aquitaine qu'Édouard III désirait tant récupérer contre le rétablissement de David sur le trône du royaume d'Écosse. L'Anglais avait répondu aussitôt par une fin de non-recevoir.

Philippe VI, excédé, s'était alors écrié qu'« il n'y aurait jamais d'amitié entre la France et l'Angleterre tant que le même homme ne régnerait pas sur les deux ». Avait-il déjà oublié qu'il fut un temps pas si lointain où Édouard III revendiquait la couronne de France ?

Les affrontements entre partisans de David et d'Édouard Balliol avaient repris en Écosse et Français et Anglais étaient intervenus.

Le pape s'en était mêlé, avait proposé qu'Édouard Balliol gouverne l'Écosse jusqu'à sa mort et que David prenne sa succession. Le coup de grâce.

Devant un tel mépris, Philippe VI avait fait décliner l'offre par son protégé.

La croisade n'aurait pas lieu. L'Anglais allait payer.

Organisée matériellement et humainement pour partir se battre en Orient, l'armée française est prête pour la guerre. L'annulation de la croisade la dégage de tout engagement militaire extérieur. Rien ne l'empêche de débarquer en force en Écosse et d'en finir une bonne fois pour toutes avec l'arrogance du Plantagenêt.

Philippe VI prévoit vingt mille fantassins, cinq mille arbalétriers, mille deux cents hommes d'armes embarqués sur deux cents bateaux eux-mêmes escortés par trente galères de combat. Son projet est colossal, à la hauteur de son amertume et de ses regrets.

Il réquisitionne navires marchands, barges normandes et tout bâtiment mouillant entre Rouen et Marseille. Pas suffisant ? Il loue des embarcations aux Génois, comme l'ont toujours fait les rois de France.

Édouard III, prévenu par ses espions, fait pression sur le gouvernement génois. Il s'engage à régler tous les problèmes commerciaux en faveur de ces derniers si les bateaux mis à la disposition du roi de France amarrés dans les ports de la République italienne finissent en cendres et si ceux déjà partis sont immobilisés. Les Génois obtempèrent.

Philippe VI, privé de sa flotte, demande au pape l'autorisation de lever une taxe sur les biens ecclésiastiques. Ce roi de France est définitivement tombé sur la tête ! Il vient de repousser la tentative de médiation du pape en faveur d'une paix entre la France et l'Angleterre, la croisade en a été annulée et il ose quémander l'argent du clergé ? Philippe VI se fait vivement rabrouer.

De son côté, Édouard III, afin d'être sûr que les Français, s'ils parviennent malgré tout à débarquer en Écosse, ne puissent pas se ravitailler, se précipite à Newcastle pour une expédition musclée où, remontant jusqu'à Inverness, il détruit, tue et brûle tout sur son passage. Dans le même temps, il envoie quatre évêques en France chargés de trouver un accord avec Philippe VI. Halte-là ! Le gros matou capétien ne se laisse plus amadouer.

Dans l'impossibilité d'agir en Écosse, il attaque les côtes britanniques. Le peuple anglais est terrifié par les agressions françaises et s'empresse d'accepter les nouvelles taxes, la mobilisation et les réquisitions qu'instaure Édouard III pour combattre les envahisseurs.

Les marchands français venus faire des affaires en Angleterre sont arrêtés et dépossédés de leurs biens. Les marchands anglais venus faire des affaires en

France sont arrêtés et dépossédés de leurs biens. Œil pour œil, dent pour dent.

Philippe VI cherche par tous les moyens à confisquer à Édouard III les dernières terres d'Aquitaine qui lui restent. Il entame une procédure judiciaire à son encontre pour défaut de paiement : l'Angleterre n'a pas payé ses impôts à la France pour ses possessions sur le territoire. Au pape qui manifeste encore son mécontentement, il fait savoir que cette histoire, relevant d'un litige entre un suzerain et son vassal, ne le regarde pas.

Dans le même temps, il exige l'extradition de Robert d'Artois. Son traître de beau-frère, qui sept ans plus tôt avait produit de faux actes royaux afin d'hériter du comté familial après la mort de sa tante Mahaut. Une faute grave qui portait atteinte à l'autorité du sceau royal. Sens de la famille, loyauté envers un compagnon de la première heure qui l'avait aidé à accéder au trône, Philippe VI lui avait évité la mort. Robert avait été condamné à l'exil. Et qu'avait fait le félon ? Il était allé se jeter dans les bras anglais, avait flatté la fibre guerrière et hégémonique d'Édouard III en l'encourageant à revendiquer la couronne de France. Robert ayant été déclaré ennemi du royaume de France par les pairs, Philippe avait dû faire emprisonner sa femme et ses enfants. Sa sœur et ses neveux.

En janvier 1337, Édouard III mobilise tous les navires disponibles en Angleterre et exhorte son peuple à se préparer à la guerre contre la France. Discours enflammés à la gloire de la grande Angleterre, prêches grandiloquents glorifiant l'esprit chevaleresque, lettres et ordonnancements de propagande anti-française, placardés aux portes des églises ou lus publiquement sur les marchés, les foires, les places des villes, des faubourgs et des villages, galvanisent les Anglais qui, comme un seul homme, se rangent derrière leur roi.

Philippe VI, de son côté, convoque le ban et l'arrière-ban pour envahir la Guyenne. Édouard III ruse, frappe en Flandre. Il connaît les difficultés du comte de Nevers avec ses sujets. Si celui-ci est encore en place, c'est grâce au soutien de Philippe VI. Jouant sur cette hostilité, il interdit les exportations de laine et de cuir anglais vers la Flandre tant que Louis de Nevers n'est pas destitué. Au nom des commerçants, ouvriers, artisans, patrons et paysans, le chevalier de Courtrai réclame une alliance avec l'Angleterre. Il est arrêté et exécuté pour trahison. En décembre 1337, Jacob van Artevelde prend la tête d'une révolte. « Sans la bonne volonté du roi d'Angleterre, nous mourrons, car la Flandre vit du travail des draps, et on ne peut pas faire de draps sans laine. Par conséquent, nous devons être amis de l'Angleterre », prône-t-il à Gand devant la foule.

Il est acclamé. Louvain, Ypres et Bruges se rallient à son mouvement. Louis de Nevers est mis hors jeu. L'embargo est levé.

Philippe VI contre-attaque. Lui et quelques nobles français achètent des propriétés dans le comté de Hainaut et en Cambrésis, à la frontière nord de la Flandre mais voisines du duché de Brabant, territoire du Saint-Empire. Soucieux de ne pas s'attirer les foudres teutoniques, il écrit au duc pour le rassurer de ses intentions non offensives. Peine perdue. Le comte de Hainaut, beau-père d'Édouard III, et l'évêque de Cambrai s'en remettent au pape. Qui, une nouvelle fois, blâme Philippe VI. Sa missive est sans équivoque. Le pontife hausse le ton et le menace d'une éventuelle alliance entre le Saint-Empire et Édouard III.

Un projet que le comte de Hainaut, le comte de Gueldre – beau-frère d'Édouard III – et le comte de Namur ne tardent pas à mettre à exécution. Ils se rapprochent d'Édouard III et, d'un commun accord, adressent un ultimatum au roi de France. Jeanne de Hainaut, belle-mère d'Édouard III et sœur de Philippe VI, est désignée pour transmettre le message dans lequel le roi de France est sommé d'offrir à Robert d'Artois la possibilité de revenir dans le royaume, de cesser toute intervention en Écosse et de porter les litiges entre lui et Édouard III devant le Parlement. Une offre délibérément inacceptable, que Philippe VI, bien évidemment, repousse.

En avril 1338, le roi d'Angleterre remet au duc Jean de Bretagne les droits sur le comté de Richmond.

Tout comme la Guyenne est un fief anglais en territoire français, Richmond est un fief breton en territoire anglais. Situé dans le Yorkshire Nord, il appartient à la Bretagne depuis le XIe siècle. Riche d'industries lainières et de gisements de fer, cette région représente une source de revenus énorme pour la Bretagne. Et une source de chantage pour les rois anglais, qui ont pris l'habitude au cours des siècles de la confisquer, de la rendre, puis de la reprendre pour mieux la redonner contre une preuve d'attachement envers leur couronne. Édouard III, fidèle à cette tradition, a attendu quatre ans pour nommer Jean III comte de Richmond. Un bon moyen de s'attirer les bonnes grâces de l'un des plus grands territoires français à la situation hautement stratégique.

Un mois plus tard, en mai 1338, l'évêque de Lincoln, envoyé par Édouard III, se présente à la cour de France. Il a un message à adresser à « Philippe de Valois » – et non au roi de France. À haute voix et publiquement, il l'accuse d'usurpation de trône : « Pour cette cause, nous vous notifions que nous avons l'intention de conquérir notre héritage par la force des armes. » Sans se troubler, Philippe VI réplique : « Vos lettres sont d'une nature telle qu'elles ne requièrent pas de réponses. » La guerre est officiellement déclarée.

14

Olivier aime la guerre. Le carillon du métal choqué vaut toutes les polyphonies, les halètements et cris de ses adversaires, toutes les cantilènes. Sous le ciel étoilé de bannières armoriées, il s'élance vers un horizon constellé d'armures aux plates d'acier rutilantes et hérissé de lances de bois à bout ferré.

Pas de quartier. Il cogne sans relâche sur les gens d'armes. Des coups directs pour commencer. Il inspire lorsqu'il esquive et pare les coups, souffle lorsqu'il les rend. Il passe en force, déstabilise l'adversaire, le désarçonne et saute à terre. Fer contre fer. Une main sur la garde de son épée, il frappe de taille et d'estoc, vise avec précision les parties non protégées, repousse l'ennemi jusqu'à le jeter au sol puis, d'un geste rapide porté à la hanche droite, extrait sa dague du fourreau incliné à dessein à soixante degrés. Malheur aux imprudents qui ont relevé leur visière, la lame courte et triangulaire taillade et éborgne les visages à découvert. Malheur à ceux projetés au sol : roide et effilée, elle traverse les mailles et pièces de peau des meilleurs camails, cottes et gambisons. Il remonte sur son coursier, leste malgré les trente-cinq kilos de sa carapace de cuir et d'acier, et s'engouffre dans la mêlée. Il fauche la cohorte de fantassins qui suivent les cavaliers. Son épée se plante sans coup férir dans cette piétaille de piquiers, ribauds, bidaux, brigands, archers et arbalétriers aux jambes sans cuirasse. Il course les fuyards, les capture s'il peut en tirer une rançon ou les échanger contre un camarade prisonnier, les tue s'ils ne valent rien.

Sur les champs de bataille, son arme est son sceptre, son heaume sa couronne, les corps gisants des adversaires sont un tapis de lauriers. Il se sent puissant au service des puissants. Il n'a pas attendu la déclaration de la guerre pour être sur tous les fronts.

Lieutenant en Gascogne en juillet 1336, sous le commandement du connétable Raoul de Brienne, il y retourne un an plus tard. Considéré cette fois comme suffisamment important pour mener lui-même un groupe d'hommes d'armes sous son propre blason, il sert en tant que chevalier banneret.

La guerre déclarée, il se rend à l'appel de l'Ost royal levé par Philippe VI, lorsque les troupes anglaises envahissent le Cambrésis et la Picardie en septembre 1339, puis, le 20 octobre, concourt à leur défaite lors de la bataille de Buironfosse. Partout où on l'appelle, il conduit ses combattants, tous unis derrière les « gueules au lion d'argent armé lampassé et couronné d'or », ralliés au cri de « Pour ce qu'il me plaist ».

Le roi lui en est reconnaissant, ne cesse de le couvrir de titres honorifiques : « Philippe pour considération et aux prières de nostre ame et feal Olivier seigneur de Cliçon, chevalier… avec toute sa postérité… avons anoblis par la teneur de ses lettres… » et de présents matériels : « Philippe… savoir faisons à tous que à la supplication de nostre ame et feal chevalier le seigneur de Clizon… nous avons octroyé au diz seigneur que cinquante livres tournois de rente ou de terre… il puisse transporter en fonder les chapellenies là où il lui plaira. »

À peine rentré à Clisson, il attend déjà la prochaine convocation.

L'air sent le foin, le fumier et la vase. Le sol est mou sous l'herbe sèche répandue sur le champ aux pieds des remparts de la cité où se déroule la foire de l'Ascension. L'hiver rude puis les nombreuses gelées printanières l'ont transformé en terrain boueux et tes pas emportent des fétus de paille collés à tes chausses et à la traîne de ton surcot. Tu t'arrêtes un instant devant une troupe de baladins. *Écoutez l'histoire de sire Hain et de dame Anieuse !* Hilares de la bagarre entre le mari et la femme, qui se disputent « la culotte », les gens ne s'aperçoivent pas de ta présence. La servante et l'écuyer qui t'accompagnent rient avec les spectateurs lorsque Anieuse tombe à la renverse dans un baquet plein d'eau.

Des enfants courent dans tous les sens, certains suçant encore leurs doigts. L'un d'eux manque de te faire tomber. La mère le tire violemment par le bras et le gifle. Le petit fond en larmes. Elle s'excuse la main sur le cœur et le gifle à nouveau en lui criant de se taire. Mordillant un bout de la manche de sa chemise de lin pour étouffer ses sanglots, il s'essuie, les yeux, le nez, maculant son visage de boue. La mère n'en finit pas de demander pardon. Ton écuyer la repousse calmement. Une maladresse de galopin ! Elle peut retourner à ses occupations. La dame de Clisson a déjà oublié.

Par ici, mesdames ! Miroirs, mesdames, pour votre toilette ? Tu reconnais deux cuisinières du château. Elles comparent les miroirs en acier dépoli et ceux fabriqués avec une plaque de verre recouverte d'étain, plus chers mais au reflet tellement plus net. La plus jeune vêtue d'une cotte en lin rouge amplement décolletée, soulignant la taille et dévoilant les chevilles, rougit aux paroles du marchand. L'autre, âgée d'au moins trente ans, porte une ample et longue robe vert sombre et, à son air sévère, désapprouve tout autant les flatteries de l'homme que les minauderies de sa protégée. Près de la table remplie de fioles et de pots de toutes tailles d'un vendeur de remèdes, des femmes s'exclament en découvrant l'onguent qui donnera de l'éclat à leur teint tandis qu'un bossu se félicite d'avoir déniché la potion miracle qui évacuera ses excès d'humeurs sans avoir recours à la saignée. *Regardez mes buires, solides et en terre cuite pour garder le vin bien frais ! Balais de bouleau, balais de jonc !* Une vieille met un panier en osier dans une panière en branches de cornouiller, veut les troquer contre une poule décharnée. Le vannier remplace le panier par une petite corbeille. La vieille enlève la corbeille, remet le panier. Le vannier range les objets et se tourne vers d'autres clients. Le sourire édenté de la vieille s'étire en une grimace si douloureuse que le coin de ses lèvres touche le voile de laine tissée lui enveloppant la tête. Elle n'a qu'une dent. D'un sac en toile ceinturé à la taille et caché sous un tablier, elle sort trois œufs, les pose à côté de la poule. Marché conclu. *Les vraies reliques de saint Turiau !* Ton écuyer chasse un vendeur d'os sacrés qui s'est approché d'un peu trop près. Des jouvencelles trop impatientes pour attendre la veillée qui clôturera la foire improvisent une carole : main dans la main, elles chantent, dansent, tournent autour des forains et des badauds. Les enfants s'amusent devant les pirouettes d'un singe, d'autres admirent l'adresse d'un jongleur. Un attroupement s'est formé autour d'un montreur d'ours. Dans un mélange d'effroi et d'excitation, l'assemblée crie quand il feint de lâcher la chaîne retenant l'animal. Un peu plus loin, un petit garçon encore en robe longue de chanvre pleure en se tenant la tête : il a voulu participer à une partie de soule avec des plus grands que lui et a reçu un coup de boule en bois. Les récitals dissonants des canards, oies, vaches, ânes, cochons et chèvres t'annoncent que tu entres dans la partie du champ de foire réservée aux animaux. Tu discutes avec des paysans du Poitou venus vendre leurs bêtes. Certains ont connu ton père, d'autres se rappellent ton frère. Un éleveur de chevaux te montre un poulain à la robe blanche mouchetée. Il tend la longe à ton écuyer. Le cheval, énervé d'être attaché et examiné depuis le petit matin, piaffe, rue avant de retrouver son calme et d'évoluer gracieusement à l'amble autour de toi. Une fois adulte, ce palefroi aura fière allure lors de chasses et de promenades. D'un signe, tu demandes à ton écuyer de dire à l'éleveur de l'amener au château après la foire.

Au soleil couchant, sur le chemin du retour, tandis que s'éloigne le bruit de la foule, tu comptes combien vont rapporter les droits de plaçage des forains et les taxes sur la vente des produits. Les bénéfices seront élevés. La guerre a pour l'instant épargné la Bretagne.

Le 2 juin 1340, vous recevez le jugement du tribunal pour l'affaire qui vous oppose depuis quatre ans à ton ex-belle-sœur, sœur Béatrix. Vous avez perdu. Une religieuse s'est mise en travers de votre chemin et a eu gain de cause. Vous êtes sommés de lui payer les arriérés de dix ans de pension. Une somme considérable mais qui, en regard de vos richesses, ne représente pas grand-chose. Pourtant, l'idée de se soumettre à quelque décision que ce soit n'est pas envisageable. Vous ne contestez pas mais ne payez pas, vous ne daignez même pas répondre. Le roi va bien finir par se rendre à l'évidence qu'il ne peut pas s'attirer l'inimitié des Clisson en temps de guerre et encore moins avec ce qui vient de se produire.

Le 24 juin, à trois heures du matin, deux cent cinquante navires anglais transportant un contingent de quinze mille hommes dont beaucoup d'archers sont apparus au large des côtes de Flandre. Ils cinglent vers l'Écluse, l'avant-port de Bruges.

Ayant eu vent de leur arrivée, les Français les attendent. Deux cent treize vaisseaux comptant cent soixante-sept navires marchands dont quatre-vingts bretons transportant vingt mille hommes sont amarrés dans un bras de mer à l'embouchure du Zwin. À part quatre grosses nefs royales placées à l'avant, tous sont ancrés, enchaînés proues contre poupes, alignés sur trois rangs selon une stratégie élaborée par l'amiral Béhuchet et le vice-amiral Hue Quieret, deux militaires qui se sont distingués quelques mois plus tôt lors de raids dévastateurs sur les côtes anglaises.

À trois heures de l'après-midi, la première plaie anglaise s'abat sur la flotte française.

Les archers anglais bandent leurs armes vers le ciel, les abaissent, visent et tirent. Une pluie de flèches fond sur la première ligne de bateaux français, atteint tous ceux se trouvant sur les ponts, depuis les officiers jusqu'aux simples marins. Les corps percés tombent. Le cœur des Anglais s'endurcit.

Les hommes d'armes en grand nombre montent à l'abordage des bateaux français, épées, haches et dagues massacrent tout ce que la pluie de flèches a laissé en vie. Le cœur des Anglais s'endurcit.

Les rafales de vent se lèvent, troublent les voiles, agitent les cordages, fouettent les mâts et ébranlent les hunes à leurs sommets d'où les hommes chutent. Le cœur des Anglais s'endurcit.

Les courants de la marée secouent les coques qui, accrochées les unes aux autres, ne peuvent pas être manœuvrées. Impuissants, les équipages français regardent leurs camarades se faire exterminer en attendant leur tour. Le cœur des Anglais s'endurcit.

La lumière du premier jour du solstice d'été éclaire les combats jusqu'à tard. Le cœur des Anglais s'endurcit.

Le châtiment dure sept heures. Dix-huit mille hommes trouvent la mort, cent quatre-vingt-dix bateaux sont coulés ou saisis, le vice-amiral Quieret est décapité, l'amiral Béhuchet capturé puis pendu à une vergue de la nef d'Édouard III. La flotte française est détruite.

Les Anglais maîtrisent la mer, le cœur d'Édouard III s'endurcit.

À Clisson et partout ailleurs, les conversations ne parlent que de la victoire écrasante des Anglais et de la mer rougie de sang qui, depuis la bataille, rejette chaque jour des corps sur les rivages.

À qui la faute ? À la supériorité tactique des Anglais ? Aux amiraux français et à leur incompétence – enchaîne-t-on des bateaux les uns aux autres dans un estuaire ? Le royaume est humilié, l'aristocratie est meurtrie, l'armée est saignée, mais Olivier doit honorer son serment d'allégeance au roi de France et, en septembre 1340, il part pour Tournai, assiégé par Édouard III. Cette fois-ci, les Français, très nombreux, résistent, les Anglais piétinent. Édouard III risque d'importantes pertes pour une ville finalement de peu d'intérêt. Il ruse pour retourner la situation à son avantage :

> « De la part d'Édouard, roi de France et d'Angleterre, seigneur d'Irlande. Sire Philippe de Valois, depuis longtemps nous vous avons demandé par message et de diverses manières de nous faire justice et de nous rendre notre légitime héritage du royaume de France, que vous détenez à tort depuis longtemps. Voyant que vous entendez bien persévérer en cette injuste possession sans faire justice à notre légitime demande, nous sommes entré en Flandre comme seigneur souverain de cette terre, et nous l'avons traversée. Nous vous informons que nous avons pris aide de Notre Seigneur Jésus-Christ et rétabli notre droit avec la

seigneurie du pays grâce à nos gens et nos alliés. Considérant le droit que nous avons à cet héritage, que vous détenez à notre place tout à fait injustement, nous nous dirigeons vers vous pour mettre fin rapidement à notre légitime demande et réclamation, aussi nous avons l'intention de vous attaquer. Mais comme si grande quantité de gens d'armes, de notre côté comme du vôtre, ne peuvent se tenir longtemps assemblés sans grand dommage pour le peuple et le pays – ce que tout bon chrétien doit éviter, et surtout un prince et un homme qui gouverne un pays – nous désirons vivement convenir d'une rencontre rapide pour éviter ce massacre. Puisque la querelle est entre nous, nous vous offrons de la régler personnellement entre nous, parfaitement conscient de votre courage, de votre sagesse et de votre habileté. Au cas où vous refuseriez cette proposition, nous pourrions régler notre différend par un combat de cent de vos meilleurs hommes, contre autant des nôtres. Et, au cas où vous refuseriez l'une et l'autre propositions, vous pourriez décider d'un jour où nous combattrions, armée contre armée, devant la cité de Tournai, dix jours après la réception de ces lettres. Nous voulons que ces dispositions soient proclamées. Tel est notre désir, ni par orgueil ni par arrogance, mais pour que Notre Seigneur établisse de plus en plus de paix et de repos entre chrétiens, que la puissance de ses ennemis soit affaiblie et celle de la chrétienté glorifiée. Répondez-nous vite par l'intermédiaire du porteur de ces lettres sur la proposition que vous aurez choisie.

Donné sous notre grand sceau à Chin, sur l'Escaut, près de Tournai, l'an de grâce 1340, le 27e jour de juillet. »

Édouard III, roi de France et d'Angleterre, défie Philippe de Valois en duel. Un combat singulier dans la plus pure tradition chevaleresque.

Concomitamment et avec le pape pour témoin, il multiplie les proclamations où il en appelle à la bonne foi de la noblesse du royaume de France. Sa cause est juste puisque soutenue par Dieu. Ne propose-t-il pas de mettre fin à un conflit où déjà beaucoup trop d'hommes ont trouvé la mort ? Et toute cette énergie déployée lors des batailles, des raids, des chevauchées et des sièges ne serait-elle pas plus salutaire au service d'une croisade ?

Il est un roi noble de cœur et d'esprit, un roi chrétien d'une grande piété, un roi héroïque voulant lutter contre les païens et les envahisseurs, un roi unificateur et pacifique au service du Tout-Puissant, un roi-hostie donnant sa vie pour sauver celle des autres. Il est le descendant de Saint Louis. Il est l'héritier du roi Arthur.

Philippe VI est piégé. S'il refuse le défi, il endosse la responsabilité de la guerre et manque à son devoir de protéger ses sujets. S'il l'accepte, il consent tacitement à mettre en jeu la couronne de France.

Âgé de quarante-sept ans, amateur de banquets, plus prompt à jouter avec les mots dans les salles des châteaux qu'avec une lance dans les lices de tournoi, il n'envisage pas de se mesurer à un Édouard III de vingt-huit ans, à la vigueur musculaire d'un héros grec. Il esquive avec la seule parade que lui autorise son physique, celle de l'esprit. Effectivement, une lettre est bien arrivée mais l'expéditeur s'est trompé, elle est adressée à Philippe de Valois. Lui, Philippe VI, roi de France, ne connaît pas cet homme.

Jamais un Capétien n'avait refusé d'affronter un Plantagenêt.

Jamais un chevalier ne refuse un combat.

Jamais un homme ne refuse un duel.

Olivier est perplexe. Mais la chevalerie tient peut-être sa revanche : le campement change de place pour s'établir à quinze kilomètres de Tournai, à Bouvines. Là où, en 1214, l'un de ses ancêtres a contribué à la défaite des Anglais et de leur roi, Jean sans Terre, qui convoitait lui aussi le trône de France. Le moment est venu de venger les humiliations subies. De redorer les blasons.

Nouvelle déception : le 24 septembre, Édouard III et Philippe VI se rencontrent et après de multiples discussions s'accordent pour signer une trêve de neuf mois. Ainsi, jusqu'au 24 juin 1341, tous les combats doivent cesser, les territoires conquis restent à ceux qui les ont conquis, les prisonniers sont libérés et retourneront en captivité à la reprise de la guerre. Ni vainqueur, ni vaincu.

Philippe VI démobilise, l'armée est en congé. Chevaliers, écuyers, combattants et jeunes recrues convoqués pour livrer la grande bataille sont renvoyés chez eux. Olivier range ses armes, ravale sa hargne et rentre à Clisson.

Le roi de France a renoncé à se battre une nouvelle fois alors que ses forces étaient supérieures à celles de l'ennemi. Pourquoi continuer à payer des impôts instaurés pour la défense du royaume si la guerre est suspendue ? L'Aquitaine, place de nombreux affrontements, est en ruine et n'est pas entièrement reconquise, la Flandre est perdue, dix-huit mille hommes sont morts à l'Écluse, la marine française n'existe plus, les exportations et importations sont en berne, l'aura capétienne ne brille plus en Avignon. Le royaume de France n'a plus que son nom.

Qui blâmer ? Édouard III luttant pour récupérer un trône dont il estime être l'héritier, ou Philippe VI bataillant pour défendre sa légitimité à ce même trône ? Qui est à même de bien gouverner le royaume de France et ses régions ?

La Bretagne ne doit plus compter que sur elle-même et sur son duc, Jean III.

15

Le 30 avril 1341, Olivier et toi êtes en deuil. Jean III est mort. Il n'a pas d'héritier, n'a pas laissé d'instructions pour la succession du duché.

L'enterrement à peine terminé, son demi-frère, Jean de Montfort, se fait sacrer duc et récupère le trésor ducal avant de se rendre à Paris plaider sa cause auprès de la cour des pairs. Il se précipite avant que Jeanne de Penthièvre, nièce de Jean III, ne revendique, elle aussi, le trône de Bretagne.

Tu la connais bien, la Boiteuse : elle est la fille de Guy de Penthièvre, le fourbe qui avait annulé vos fiançailles ! C'est une battante. Elle est mariée au neveu du roi de France, Charles de Blois, un moine contrarié assistant à plusieurs messes par jour, multipliant les jeûnes et glissant des cailloux dans ses chaussures. Dans le couple, c'est elle qui commande. Si Charles n'est pas apte au conflit, la Boiteuse le sera pour lui. Elle exige le duché.

Elle est une héritière directe, mais la loi sur la « primogéniture masculine », brandie par Philippe VI pour évincer Édouard III de la couronne de France, donne raison à Jean de Montfort.

Une conclusion catastrophique pour le roi : Jean de Montfort est marié à Jeanne de Flandre, famille à l'anglophilie assumée. Si la Bretagne s'allie, comme la Flandre, à l'Angleterre, qui elle-même tient encore des terres en Aquitaine, la guerre est perdue d'avance.

Sauf si Jeanne de Penthièvre et son mari, Charles de Blois, prennent le duché.

Par chance, la « primogéniture masculine » n'a pas cours en Bretagne. Les juristes fournissent des preuves : Havoise a succédé à son frère Conan en 1066, Berthe à son fils Conan le Petit en 1148, Constance à son mari Geoffroy Plantagenêt en 1186 puis Alix à son demi-frère Arthur en 1213.

Le 7 septembre 1341, l'arrêt de Conflans désigne Charles de Blois et Jeanne de Penthièvre duc et duchesse légitimes de Bretagne.

Jean de Montfort conteste la décision des pairs et du roi et rentre à Nantes, mobilise toutes les cités et campagnes de Vannes à Morlaix, là où l'on parle plus le breton que la langue romane. Charles de Blois et Jeanne de Penthièvre quant à eux reçoivent le soutien de la majorité des grandes familles et de la noblesse de Haute-Bretagne. Là où les clercs sont envoyés pour faire leurs études dans les universités parisiennes, angevines et orléanaises. La Bretagne est scindée en deux.

Cousin de la première épouse d'Olivier, Jean de Montfort fait partie de votre réseau familial et sa femme, Jeanne de Flandre, est l'une de tes amies proches. Ils sont par ailleurs seigneurs de Guérande, région productrice de sel où vous avez des terres.

Mais par loyauté envers Jean III qui, avant de mourir, a fait rajouter à son testament un legs de trois cents livres de rente sur la prévôté de Nantes en votre faveur, vous prenez le parti de Charles de Blois. Tout comme Gautier et Amaury, les frères d'Olivier. D'ailleurs, aucun de vous n'a répondu à l'invitation de Jean de Montfort lorsqu'il s'est autoproclamé duc de Bretagne à Nantes.

La mort de ta mère vient assombrir un peu plus cette année. La belle dame de Parthenay ne fera plus chavirer le cœur des troubadours. Ses serviteurs et son châtelain gèrent désormais pour toi la seigneurie de Palluau. Ils s'assurent entre autres que les dons qu'elle avait octroyés à l'abbaye de la Grainetière soient bien versés.

Au mois de juin, ton mari a quitté le château pour suivre Charles de Blois à la Roche Piriou, prise d'assaut par les partisans de Jean de Montfort. Après dix jours de siège sans succès, il s'est replié avec ses troupes à Auray.

Pendant qu'Olivier se bat dans le centre de la Bretagne, Amaury, après avoir défendu Jugon, place forte du parti blésiste, change de camp et rend hommage à Édouard III. Son autre frère, Gautier, meurt en contrant l'offensive des Anglais à Brest.

Le prince Jean, duc de Normandie, encercle Nantes d'où Jean de Montfort dirige son parti. Aimé des bourgeois de la ville, possédant suffisamment de vivres pour tenir un siège, il est obligé de capituler le 21 novembre après l'excès de zèle de l'un de ses lieutenants ayant entraîné le massacre d'un grand nombre de jeunes Nantais. Il est emprisonné à Paris.

Sans chef, le parti montfortiste semble anéanti. Sauf que sa femme, qui vient de mettre un fils au monde, n'entend ni renoncer au duché ni se plier aux desiderata d'un « roi trouvé », comme le surnomment les Flamands. Avant elle, trois générations de comtesses de Flandre ont lutté pour défendre leurs biens, leurs enfants, leurs maris. À l'image de ses ancêtres Sybille, Clémence et Richilde, Jeanne de Flandre, dame de Montfort, prend les armes.

En décembre 1341, un désaccord entre Olivier et un prévôt royal tourne mal en présence de Philippe VI. Ton mari s'emporte, injurie le fonctionnaire et demande un recours au duel pour régler le différend. Ce n'est pas la première fois qu'Olivier fait litière des convenances et le roi a beaucoup pardonné. Peut-être trop. Et cette nouvelle rébellion, venant s'ajouter au mépris dont l'Anglais fait preuve depuis le début du conflit, au scepticisme à peine feint de l'aristocratie sur sa légitimité après les échecs successifs de l'armée et la sédition de Jean de Montfort pour le trône de Bretagne, ce manque de considération d'un proche dont il considère la loyauté comme acquise lui apparaît au-delà du raisonnable. On ne s'adresse pas de la sorte et en toute impunité à un fonctionnaire du royaume, encore moins devant le souverain. C'est une offense à l'autorité royale : « emportant trahison et offense à sa majesté royal ». Il est temps de ramener le Breton dans le rang ! Sous peine de confiscation de ses biens et d'exclusion du royaume, Olivier a l'interdiction formelle de se battre. Et afin qu'il comprenne qui est le maître, afin que la noblesse comprenne qui commande, il est envoyé en prison. Pour quelques jours. Ne serait-il écroué seulement que quelques minutes que ce serait déjà intolérable, et la défiance que tu éprouvais pour Philippe VI et son entourage n'en est que plus grande.

Quittant Rennes pour installer son quartier général dans la ville fortifiée d'Hennebont, Jeanne de Montfort s'arrête à Vannes où, devant des centaines de personnes, elle prononce un discours guerrier. Les partisans, démotivés depuis l'arrestation de son mari, sont transportés par tant d'ardeur. Ils sont prêts à reprendre la lutte et à mourir pour elle.

Ton beau-frère Amaury l'accompagne, il est même un de ses plus proches capitaines, celui en qui elle a suffisamment confiance pour le nommer régent de Bretagne et tuteur de son fils, Jean. Ensemble, ils refondent le parti montfortiste à Hennebont.

Philippe VI ne tarde pas à répliquer en faisant assiéger Hennebont par une armée dirigée par son frère, le comte d'Alençon, son fils, Jean de Normandie, son neveu, Charles de Blois, et son cousin Louis d'Espagne. Jeanne de Montfort envoie Amaury chercher de l'aide auprès d'Édouard III. En attendant les renforts, elle résiste comme une lionne, exhortant la population à déterrer les pavés des chaussées pour les jeter sur les assaillants du haut des remparts. Elle repousse toutes les attaques.

Un soir, depuis une tour, elle s'aperçoit que le campement français est désert. Aussitôt, elle rassemble trois cents hommes et sort d'Hennebont pour incendier les tentes ennemies. Alerté par le feu, Louis d'Espagne se lance à sa poursuite. Impossible pour elle de regagner Hennebont. Qu'à cela ne tienne, elle chevauche jusqu'à Auray où elle trouve de nouveaux alliés. Quelques jours plus tard, elle revient accompagnée de plus de huit cents chevaliers et, déjouant la surveillance des Français, réussit à s'introduire à nouveau dans Hennebont. La ville l'accueille triomphalement. Jeanne de Flandre, dame de Montfort devient Jeanne la Flamme et entre dans la légende.

Pendant que ton amie guerroie à Hennebont, Amaury conclut un accord à Westminster avec Édouard III, le 10 mars 1342. En échange du soutien de l'Angleterre, ton beau-frère, en tant que tuteur du futur duc de Bretagne et comte de Richmond, le jeune Jean de Montfort, remet à Édouard III toutes les *villae, burgi, castra, fortalitia et portus maris* de Bretagne. Ensemble, ils conviennent que ces lieux et places seront confiés durant toute la guerre du duché à la garde de Walter de Mauny, lieutenant d'origine française arrivé en Angleterre avec Philippa de Hainaut lors de son mariage avec Édouard III.

Enfin en juin 1342, Amaury et six mille archers anglais accostent sur les rives du Blavet et débarquent à Hennebont. À l'annonce de leur arrivée, Jeanne de Montfort et ses troupes sortent en masse de la cité, anéantissent les assiégeants et leurs machines de guerre. C'est la débâcle côté français. La détermination d'une femme a maté la famille royale. Jeanne de Montfort et ses partisans reconnaissent Édouard III comme seul roi de France.

La mort d'un frère, la trahison de l'autre, le siège d'Auray où Olivier a été obligé de battre en retraite, les Français incapables de reprendre Hennebont, les Anglais qui étendent leur mainmise sur les côtes de l'Atlantique et de la Manche. La Bretagne et votre famille se sont brisées comme une vieille buire de terre trop secouée. Ses morceaux s'éparpillant entre les royaumes de France et d'Angleterre. Olivier s'interroge.

Et toi, Jeanne, qu'en penses-tu ? Comment juges-tu l'attitude de ton beau-frère, des familles choisissant le parti des Anglais ? Ne fut-il pas un temps où ta famille maternelle avait préféré les Plantagenêts aux Capétiens ? Et Jeanne de Montfort ? Est-elle une virago transgressant l'ordre naturel créé par Dieu ou Judith tuant Holopherne pour sauver sa ville des Assyriens ? Tu ne peux qu'applaudir la vaillance de ton amie, meneuse d'hommes, prompte à lever une armée et à déclencher une guerre au roi de France pour protéger ses terres et son lignage.

Profites-tu des doutes d'Olivier pour exprimer tes sentiments ? *Olivier, la Bretagne est divisée mais elle a connu bien des maux, des guerres et des désolations au cours des siècles passés et est toujours parvenue à renaître plus forte. Toi et tes ancêtres avez donné votre sang pour elle, tu as toujours fait preuve de bravoure, tu es un grand et juste seigneur, suis ce que te dicte ton cœur. Ne condamne pas Amaury et notre chère amie la duchesse de Montfort, ils voient en l'Angleterre le salut du duché, le garant de son indépendance face au renforcement du pouvoir royal sur la justice, à l'alourdissement des impôts et à l'influence de Jeanne de*

Bourgogne et ses compatriotes sur le Conseil et sur le roi. L'hostilité de la reine pour les gens de l'Ouest est une réalité. De l'avenir de la Bretagne dépend notre avenir.

L'avenir, tu le prépares tous les jours. Et, sous le crépitement des torches du logis seigneurial, tu as organisé, en 1341, le mariage de ta fille Isabeau avec Jean Ier de Rieux, seigneur de Nozay et de Fougeray.

Près de toi, tu as encore Guillaume et Olivier. Tu écoutes leurs maîtres te détailler leurs progrès au dressage des faucons et des chiens, à l'art du combat avec des armes. Tu admires l'adresse dont ils font preuve pour viser un fer à cheval pendu à un poteau et leur aisance à chevaucher en se protégeant de leur écu lors de joutes simulées. De la fenêtre de tes appartements, tu les regardes s'exercer à la lutte, la course, la gymnastique et le lancer de javelot ou du poids. Ils tirent à l'arc sur des passereaux. Ils ont tant grandi.

Il n'y a pourtant pas si longtemps qu'ils galopaient sur leur cheval-bâton à travers les salles du château, les doigts agrippés trop fort au manche du jouet, les jambes potelées sortant des fentes de leurs longues cottes d'enfant aux couleurs éclatantes. Rouges pour les préserver de la rougeole et des saignements, bleu ou vert pour protéger les yeux. Brandissant leur épée en frêne, heurtant crédences et dressoirs, renversant chaises et escabeaux, trébuchant sur les tapis. Tu entends encore leurs petites chausses glissant sur les dalles, leur voix flûtée résonnant sous les poutres des plafonds. *Montjoie Saint-Denis ! Pour ce qu'il me plaist !* Leurs jeux d'enfants proviennent de tout ce qu'ils ont appris de leur passé. Ils seront Guillaume III et Olivier V de Clisson. Leur père, fier de leur impatience à devenir grands, reprenant les cris de guerre avec eux, mimant des batailles en attendant de les emmener avec lui courir les bois et forêts. Et tous ces moments passés dans la chambre d'étuve où ils s'ébattaient, pataugeaient, s'arrosaient dans la grande baignoire en châtaignier, leurs petits corps frissonnant et frémissant sous l'eau du robinet. La nourrice débordée, perdant le linge qui retenait ses cheveux lorsqu'elle essayait de les attraper pour les épouiller.

Guillaume a plus de huit ans, il a enlevé la bulle pendue à son cou depuis sa naissance et revêtu la tenue des grands. Sur une chemise en lin, il porte une cotte plus courte en velours, de hautes chausses en drap ou laine, selon la saison, des chaussures en cuir souple et une aumônière pour ranger ses pièces de monnaie et ses billes qu'il garde tel un talisman lui ouvrant les portes de son enfance quand les jeux d'adulte lui pèsent trop. Ton mari lui a commandé une armure pour qu'il commence son éducation chevaleresque. Guillaume fait le fier. Il n'y a qu'à voir les étincelles qui illuminent ses yeux lorsque son père l'invite à participer à l'entraînement avec ses hommes. Lors des quintaines, il court à perdre haleine ou éperonne sa monture comme diable, pour que sa lance touche la cible sans que le sac de sable accroché à l'autre versant de la barre ne le frappe en retour. Sa façon de bomber le torse, les jours de chasse, chevauchant son propre cheval, alors que son frère est encore assis derrière leur père.

Petit Olivier dans sa robe d'enfant, jamais fatigué, enveloppant des chiots dans des couvertures pour mieux les jeter en l'air, essayant d'attraper des écureuils et des oiseaux. *Regarde, mère !* Il se tient en équilibre sur un tronc d'arbre placé au-dessus d'un cuvier rempli d'eau. *Tu as vu !* Sa dextérité à défaire les liens emprisonnant ses mains dans le dos. *Mère !* Il saute dans l'eau de la Sèvre, nage dans le courant. Si parfois tu trembles, tu ne le lui montres jamais. Il est robuste pour ses six ans. Son précepteur le dit intelligent et rusé. Tu n'en doutes pas. Moitié d'homme jouant les seigneurs. Menant les autres enfants de Clisson, leur donnant des ordres lors de simulacres de joutes et tournois. Lançant des cris de guerre et des assauts après les chats, se jetant sur eux et, triomphant, passant de salle en salle en les traînant par la queue comme des trophées. Imitant son père avec brio jusque dans la tendresse des gestes adressés à sa sœur, Jeanne.

La petite dernière, encore emmaillotée des épaules aux chevilles dans un drap de laine et des bandes de lin, sa frimousse émergeant à peine du bonnet et du bourrelet de tête. On dirait une petite toupie. Tu lui fredonnes *Dodo l'enfant do*. Tu prends sa petite main et tu pries pour qu'elle ne tombe pas malade. Ni elle ni les autres.

C'est pour eux que tu veilles aux intérêts de Clisson et de Belleville. En juin, tu écris à ton châtelain de Châteaumur pour qu'il procède au paiement de trois hommes envoyés à Paris pour le compte de la seigneurie. En octobre, tu commandes des étoffes aux drapiers de Tiffauges et de Mortagne-sur-Sèvre. Tu prépares la grande foire de la Saint-André qui a lieu le 30 novembre. Malgré la guerre, la vie doit continuer.

En octobre, Olivier est convoqué à Vannes, ville acquise à Charles de Blois mais cernée par l'armée anglaise conduite par Robert d'Artois et Jeanne de Montfort et ses partisans. Les assauts sont terribles. La ville tombe très vite aux mains de Robert d'Artois qui en prend le commandement avec une garnison, tandis que Jeanne de Montfort et son escadron retournent à Hennebont. Olivier, qui était parvenu à s'enfuir sur vos terres de Beauvoir-sur-Mer et à reconstituer une armée de douze à vingt mille hommes, revient plein de fougue et bien décidé à reconquérir Vannes. Sans perdre de temps, il encercle la cité. Les carreaux d'arbalètes fusent, l'un d'eux blesse grièvement Robert d'Artois. Il est évacué à Hennebont avant d'être rapatrié en Angleterre où il meurt à peine arrivé. Sa garnison n'a plus de chef. Vannes est de nouveau sous le contrôle des Français grâce à Olivier.

En représailles à la perte du seul port de Basse-Bretagne d'où il est possible de recevoir des renforts, et à la mort de Robert d'Artois, Édouard III en personne se rend à Vannes le 29 novembre.

Les troupes et les machines de guerre anglaises sont déployées tout autour de la cité. D'énormes pierres catapultées percutent les fortifications de la cité, des beffrois mobiles chargés de centaines de guerriers tentent de s'accrocher aux murailles que des hommes en armes escaladent. Des ondes de flèches assombrissent sans cesse le ciel. L'étreinte se resserre petit à petit autour d'Olivier et de son bataillon. Philippe VI envoie son fils, le duc Jean de Normandie, escorté de cinquante mille hommes. Aussitôt, Édouard III conforte son armée et construit un immense camp retranché, protégé par de profonds fossés. Des pluies torrentielles et un froid glacial fouettent assiégeants et assiégés. À l'intérieur des remparts de Vannes, la nourriture commence à manquer. Les montures s'enlisent dans la boue, les hommes sont engourdis dans leurs cottes et leurs armures. Olivier peine à contenir l'armée anglaise. Homme d'action, en perpétuel mouvement, il trépigne. À la défense, il a toujours préféré l'attaque et s'élance hors de la cité avec un groupe de chevaliers pour un affrontement. À peine a-t-il franchi l'enceinte qu'il est fait prisonnier. Une belle prise pour Édouard III, qui l'incarcère aussitôt à Fontenay-le-Comte. Guerrier redoutable, capitaine très apprécié de Philippe VI, baron breton riche et puissant : le Plantagenêt peut espérer une rançon considérable ou la libération de militaires anglais de haute importance. Voire les deux.

Depuis l'annonce de l'arrestation d'Olivier, la France et la Bretagne sont sous le choc. Tous redoutent les conditions extravagantes en contrepartie de sa libération. Contre toute attente, il est relâché quelques semaines plus tard en échange du seul baron de Stafford, proche conseiller d'Édouard III.

Les Anglais pourraient-ils donc être magnanimes ? Capitaines, lieutenants et militaires s'étonnent de la facilité et de la célérité avec lesquelles ils ont délivré Olivier. Malgré tout, les combats se poursuivent jusqu'à la fin de l'année.

Le 10 janvier 1343, Philippe VI et Édouard III sont à Ploërmel, prêts à livrer bataille. Mais le nouveau pape Clément VI, qui cherche à réconcilier l'Angleterre et la France dans la perspective d'une nouvelle croisade, a envoyé deux cardinaux pour proposer une médiation entre les deux souverains. Le coût de la guerre ayant vidé les caisses des deux pays, l'issue des batailles ne désignant pas de réel vainqueur, l'un et l'autre acceptent de se rencontrer à Malestroit. Les discussions aboutissent le 19 janvier par la signature d'une trêve courant jusqu'au 29 septembre 1346, trois ans et demi durant lesquels les combats cesseront et des représentants des deux pays envoyés à Avignon négocieront la paix.

Philippe VI a encore refusé de se battre. C'est la troisième fois ! Cette guerre est une mascarade qui coûte cher financièrement et humainement, et ne rapporte rien. Pas même la gloire. La Flandre et la Guyenne n'ont pas été reconquises et la moitié de la Bretagne est désormais anglaise. Le royaume de France gronde de l'incapacité de son roi. Certains nobles étudient sérieusement les avances d'Édouard III, d'autres ont déjà franchi le pas et lui ont prêté serment.

16

Depuis le 19 janvier de cette année 1343, Olivier est à Clisson. Il a déposé les armes. Personne ne sait si la paix durera. Une reprise des combats n'est pas à exclure et il faut s'y préparer.

Dans le Poitou, vous faites consolider les places fortes du côté de Châteaumur où vous avez aussi nommé un nouveau châtelain, Macé Brideau. Et vous vous assurez du soutien du Tout-Puissant en offrant une robe au doyen de Talmont, qui contrôle les paroisses du Bas-Poitou.

La lumière du jour s'étire et s'attarde jusqu'aux vêpres pour rougir. Le printemps s'annonce doux, la pluie arrose les semences sans les noyer et les récoltes sèchent paresseusement, bien à l'abri, dans les greniers. Les roues des moulins se laissent porter par le cours de la Sèvre, le pain brunit sous les flammes des fours. Dans les vignes, les ceps se réveillent, les sarments déploient lentement leurs rameaux. Coucous, violettes, pâquerettes et myosotis s'approprient les sous-bois ; les hérissons malingres et affamés par leur sommeil hivernal promènent leur museau à travers les fougères en quête de limaces ; les levreaux s'aventurent dans les champs ; les bergeronnettes des ruisseaux survolent les roches, brindilles, mousses et feuilles mortes au bec, à la recherche de la cavité idéale pour leur nid ; milan royal, oie cendrée, bernache, balbuzard et fou de Bassan jouent de leur voix pour annoncer leur retour de migration.

À la foire de la Saint-Antoine, à la Mi-Carême, les rues de la cité s'animent, les bestiaux sont à l'honneur sur le champ en contrebas du château.

La guerre est finie, les tournois peuvent recommencer. Les invitations affluent. Olivier sillonne la Bretagne, la Normandie, l'Anjou. L'une d'elles le grise plus particulièrement. Philippe VI l'a convié à Paris avec tous les seigneurs du royaume pour une grande joute au mois de mars.

Il exulte. S'entraîne et se prépare. Commande une nouvelle cotte, des nouvelles chausses, une nouvelle housse pour son cheval et pourquoi pas une nouvelle armure. Il faut que tout le monde le voie, prenne la mesure de sa puissance : les Parisiens, les autres seigneurs, la Cour, le roi.

17

Les poules, les oies, les porcs, les chiens ont été enfermés dans les maisons, chacun a nettoyé devant sa porte, les cadavres d'animaux jonchant habituellement les ruelles ont été retirés, les étals des échoppes ont été repliés. Depuis plusieurs jours, les rues de Paris désencombrées paraissent moins étroites, elles sont jonchées de fleurs et pavoisées des écus des chevaliers se préparant à entrer dans les lices du grand tournoi royal. Des hérauts annoncent les noms des familles à qui ils appartiennent.

Seigneurs, je veux dire ici vérité… Ah ! dames, belles dames… Beaux seigneurs… Des jongleurs interpellent les passants, des acrobates miment des tableaux vivants sur des scènes éphémères montées sur les places.

« *Qui sages hom sera, Jà trop ne parlera. Ce dist Salomon. Qui jà mot ne dira, Grand noise ne fera. Marcol li respond. Bien boivre et bien mangier, Fait homme assoagier, Ce dist Salomon. Et ventre engroissier. Fait ceinture alsascher. Marcol li respond.* » Le peuple s'attroupe pour écouter en langue vulgaire les répliques effrontées du rustre Marcoul aux vérités énoncées par le sage roi Salomon. Il danse, reprend en chœur les rondeaux chantés par les ménestrels : « *Main se leva la bien faite Aeliz – Par ci passe li bruns, li biaus Robins – Biau se para et plus biau se vesti – Marchiez la foille et ge qieudrai la flor – Par ci passe Robins li amorous – Encor en est li herbages plus douz.* »

Au Palais royal de la Cité, autour de la carrière où se déroulent les joutes, les spectateurs encouragent les combats dans les loges et les gradins, ornés de tapis, de bannières et de banderoles, tandis que, dans les pavillons, le roi et la reine, les princes et les princesses, les anciens chevaliers, les seigneurs, les dames et les demoiselles reçoivent les hommages des concurrents et parient sur leur chance de gagner le trophée.

À la fin du tournoi, aucune busine n'a annoncé les victoires remportées par Olivier. Pourtant, son nom est sur toutes les lèvres. Il a été arrêté.

Son palefroi dessellé, désharnaché et sans housse piaffe à l'écurie. La cotte brodée de fil d'or et incrustée de pierres, l'armure et le casque rutilant d'un polissage méticuleux gisent au fond des coffres. La bannière des Clisson s'est affaissée le long de la hampe.

Olivier remue les pieds et les jambes pour qu'ils ne s'engourdissent pas. Il tire sur sa chemise de lin imprégnée d'humidité qui colle à son corps nu. Les hurlements, les râles et les appels au secours, le raclement des chaînes sur le sol, le couinement des rats qui grouillent, valent mieux que le silence, cet épouvantable et écrasant silence qui voudrait lui faire croire qu'il est déjà mort.

Il crie dans son cachot. Sait-on qui il est ? *Olivier de Clisson, le baron Olivier de Clisson, seigneur de Belleville, de Montaigu, de La Garnache, de Champtoceaux, de Châteaumur, de Pontchâteau, du Tuit, de Thury, de Blain*… Personne ne vient. *Olivier de Clisson, chevalier de l'Ost royal.* Sa voix se perd sous les voûtes de la prison du Grand Châtelet. Matines, prime, tierce, sexte, none, vêpres, complies, vigiles : la cloche de la chapelle Saint-Leufroy sonne les heures des prières comme un compte à rebours impitoyable.

Un messager arrivant au grand galop de Paris laisse présager le pire. Dans la grande salle du château de Clisson, tu l'écoutes sans ciller. Olivier a été emprisonné au Grand Châtelet. Le 13 mars, un acte du Parlement a été prononcé : « *Le procureur du roi et le sire de Clisson écriront leurs faits, la cour décidera ultérieurement et avisera pour savoir si Clisson sera libéré ou non.* » Le prévôt a ordonné son transfert dès le 14 mars à la tour de la prison de l'abbaye

Sainte-Geneviève où il restera jusqu'à ce que la Cour et le roi examinent les faits qui lui sont reprochés. Des soupçons de trahison pèsent sur lui. Tu n'as pas de temps à perdre. Ton cœur te dit qu'il est en danger. Ton cœur t'a toujours dit qu'il était en danger. Tu ne t'étais pas trompée.

Au lendemain de la bataille de Vannes, près d'un bois, au calme et à l'abri des humeurs parisiennes, Philippe VI, dans le manoir royal de Vincennes qu'il affectionne tant, avait compté les barons passés à l'ennemi ou refusant sa suzeraineté. Son attention s'était portée sur Olivier, sur votre gendre Jean de Rieux, vos anciens pupilles Girard de Chabot et Éon de Lohéac, ainsi que sur l'un de vos plus proches voisins, le seigneur de Machecoul. Philippe VI les suspectait d'avoir fait allégeance à Édouard III et de l'aider dans sa conquête du Pays nantais. Surtout Olivier. Ce qui expliquerait à la fois l'énorme erreur de stratégie qu'il avait commise à Vannes en sortant de la ville pour tenter un assaut. Et sa libération rapide et sans grande contrepartie.

Des témoignages éclaboussant l'intégrité d'Olivier étaient venus renforcer ses soupçons. On lui avait rapporté que depuis quelques mois Olivier échangeait, vendait, achetait beaucoup de terres en Bretagne et dans le Poitou, mais également en Normandie. Une vaste opération immobilière pour asseoir son autorité sur un domaine regroupé et compact : un bastion ? Qu'Édouard III lui aurait promis la couronne de vice-roi de Bretagne en cas de victoire anglaise. Des habitués de la Cour l'auraient vu en campagne autour de Nantes en compagnie du comte de Northampton. On lui attribuait l'incendie des galées de l'allié des Français, le capitaine monégasque Charles Grimaldi. C'est aussi lui qui aurait livré à l'ennemi les plans de bataille élaborés lors de réunions secrètes, provoquant les échecs cuisants d'Hennebont, de Nantes et de Vannes.

Philippe VI avait des doutes et vous le saviez. Mais Olivier s'était cru plus malin que tous les barons, comtes, ducs et princes de France réunis. En outre, il avait pensé être protégé par la trêve de Malestroit signée devant deux cardinaux et les lois de la chevalerie qui désignent les tournois comme lieux d'asile.

Combien de fois l'avais-tu entendu dire son mépris pour le Valois. Un roi qui n'en a que la couronne. Un chevalier qui n'en a que le titre. Un homme qui n'en a que l'habit. Philippe VI est un veule qui n'affronte jamais ses adversaires de face. Il n'est pas venu arrêter Olivier à Clisson ! Pas plus qu'il ne l'a convoqué officiellement à se rendre devant le Parlement. Non, il a préféré l'inviter à un tournoi. L'appâter. Et Olivier, comme une phalène croyant voir la lune à travers les arbres, a volé à tire d'aile vers le bûcher. Comme tous les orgueilleux, les arrogants, les vaniteux, Olivier est un naïf.

Quel trophée pour Philippe VI que ce Breton indocile ! Il prend sa revanche sur les trahisons de

Robert d'Artois, de Jean de Montfort et d'Amaury. Il se console de n'avoir pu emprisonner votre cousin, Godefroy d'Harcourt, qui s'est enfui dans le Brabant avant de se faire arrêter pour insubordination – il n'avait pas voulu se rendre à la décision du roi lors d'une querelle familiale. Olivier de Clisson, le suspect idéal. Le coupable idéal.

Tu aurais dû l'empêcher d'aller à ce tournoi. Le retenir de toutes tes forces. Parce que, lorsque du pont-levis il te disait au revoir de la main, tu avais eu l'intuition qu'il ne reviendrait pas. L'insupportable certitude.

T'aurait-il écoutée, Jeanne ? Tout à son épée qu'il huilait, son armure qu'il polissait, sa bannière qu'il fixait à la hampe. *Pour ce qu'il me plaist.*

Des messagers partent pour vos seigneuries et les fiefs voisins. C'est le moment de faire jouer le réseau qu'Olivier et toi avez minutieusement tressé depuis des années. Des fidèles filent vers les places montfortistes, Jeanne de Montfort et Amaury sont partis pour Westminster rejoindre Édouard III mais le lieutenant anglais Walter de Mauny a pris la direction de leurs partisans sur le territoire breton. Grâce à lui, l'information traversera la Manche.

Entre-temps, Olivier a été conduit au Temple, devenu une prison depuis la chute des Templiers, avant de retourner au Grand Châtelet.

Il n'est toujours pas condamné, l'enquête se poursuit et vos anciens démêlés judiciaires sont étudiés. Votre passé vous rattrape. Vous n'avez pas réglé à ton ex-belle-sœur, Béatrix de Cayeux, les arriérés de son douaire comme la décision du tribunal l'exigeait, et certaines terres dans le Poitou ont été saisies.

À Clisson, tes appels à l'aide portent leurs fruits : un certain Pierre Nicolas, sergent du roi ayant ses entrées au Grand Châtelet, accepte contre une grosse somme d'argent de transmettre un message à Olivier.

Tu pars pour Paris, accompagnée de votre écuyer Guillaume Bérard, le châtelain de La Garnache, Guyonnet de Fay, celui du Gâvre, Geoffroy Denart, et ton beau-fils, Jean de Clisson. *Vite, Jeanne, hâte-toi !*

À l'entrée du Grand-Pont se dresse, martiale, la forteresse du Grand Châtelet. Anonyme parmi les anonymes dans la courte gonelle de camelin sombre évasée vers le bas que tu as passée par-dessus ta robe pour voyager, tu te faufiles dans la foule encombrant le passage voûté qui traverse la bâtisse.

Tu es en avance. Et devant l'entrée de la forteresse, rue Saint-Denis, entourée de Guillaume Bérard, Guyonnet de Fay, Geoffroy Denart et Jean, tu guettes l'homme avec qui tu as rendez-vous. Tu ne le connais pas et ne l'as jamais vu. Beaucoup de gens vont et viennent, des officiers, des notaires, des personnes venues en tant qu'auditeurs. Il y a aussi des cadavres. Des dizaines de corps transportés à la morgue pour être identifiés ou emportés par les fossoyeurs pour être jetés dans les charniers des Saints-Innocents parce que personne ne les a réclamés.

Un homme à la cotte armoriée de la fleur de lys portant camail et casque, et armé, vous fait signe de le suivre. À gauche, à droite, à nouveau à gauche, puis encore à droite. Rue de la Triperie, rue de Pierre-aux-Poissons, rue Chevet-Saint-Leufroy, les venelles se succèdent, tu ne retiens pas leurs noms tant tu te concentres sur la tunique bleue à fleurs de lys. Enfin, il s'arrête entre deux étals de marchands. L'un de tes compagnons lui tend l'aumônière lourde de livres tournois. Pierre Nicolas écoute ce que tu veux dire à ton mari. *Olivier, le roi et ses conseillers utilisent tous les moyens en leur pouvoir, et Dieu qu'ils sont étendus !, pour trouver des témoignages et des documents qui t'accablent. Des terres ont déjà été confisquées, tu es en danger. Nous devons te faire évader.*

Olivier n'a jamais su que tu avais essayé de le prévenir. Paris fourmille d'espions. Des Français à la solde des Anglais, des Anglais intriguant pour les Français, des agents des deux bords renseignant le plus offrant, des fidèles excellant dans l'infidélité. Et Philippe VI se méfie, toi et tes proches êtes sous étroite surveillance.

Il est mis au courant de tes tractations. Aussitôt, Pierre Nicolas est arrêté et interrogé. Sans grande résistance, il avoue que tu l'as payé pour qu'il fasse passer un message à Olivier.

Le 2 avril 1343, Olivier est conduit dans la Grande Chambre du Palais de la Cité devant le procureur du roi, ses conseillers et son notaire.

Le procureur énonce le réquisitoire. Olivier écoute, résigné, les crimes qui lui sont reprochés, s'égrenant en une longue litanie humiliante. À quoi bon se défendre, il a déjà avoué. Autorisée en 1319 sans qu'il en soit toujours fait mention dans les actes, la torture fait des miracles. Soumet les caractères les plus récalcitrants.

Et puis Philippe VI a une preuve : une lettre d'Édouard III à son fils, Édouard de Woodstock, écrite le 5 décembre, où il l'informait du soutien d'Olivier, de Girard de Chabot, de Jean de Rieux, d'Éon de Lohéac et du seigneur de Machecoul : « *Et sachez que le sire de Cliçon qu'est un des plus grant de Peyto et quatre autres barons, le sire Lyac, de Rieux, de Machecoul et de Rais sont renduz a nostre pées.* » Fait attesté et confirmé par le témoignage d'un lieutenant anglais, furieux contre son souverain qui a séduit sa femme pendant qu'il bataillait en France. En plein siège de Vannes, Olivier, commandant l'armée française, a passé un accord avec l'Angleterre pour l'aider à la conquête du Pays nantais.

Philippe VI est touché en plein cœur par la trahison d'Olivier. Comme il l'avait été par celle de Robert d'Artois.

Clisson mérite une justice exemplaire ! Bien que noble, il n'en est pas moins un criminel comme les autres.

Le greffier prononce la sentence : Olivier est condamné à être décapité pour trahison à l'égard du roi et de la couronne de France, pour tentative de trahison à l'égard de la ville de Nantes et alliance avec le roi d'Angleterre, ennemi du roi et du royaume de France.

18

Le 19 mai 1343, Guillaume Bérart, Jean, ton beau-fils, Guyonnet de Fay, Geoffroy Denart et toi devez répondre de « rébellions et d'excès commis contre le Roi ». Tu te fiches bien de la convocation devant le Parlement. Vous n'êtes déjà plus à Paris.

Quelques jours après l'annonce du jugement d'Olivier et de son exécution prochaine, ta fille Isabeau est morte.

Le 30 juin, une nouvelle assignation exige que tu te présentes devant la justice : « À la requête du procureur du roi, ont été mis en défaut : Jeanne de Belleville, femme d'Olivier de Clisson, Jean de Clisson, chevalier fils d'Olivier, Guillaume Bérard, écuyer et valet tranchant de ladite Jeanne, Guyonnet de Fay, châtelain des seigneurs de Clisson à La Garnache, et Geoffroy Denart, ancien châtelain du Gâvre, ajournés au 19 mai pour répondre de rébellions et excès qu'ils avaient commis contre le roi et la chose publique, au mépris de la majesté et de la justice royale. »

C'est à peine si tu en prends connaissance. Orpheline de ton monde, tu erres dans le château comme si tu y venais pour la première fois et cherchais une issue. Des voix dans la grande salle et tu accours ; des pas dans l'escalier à vis et tu sors de ton appartement ; une silhouette sur une courtine, une ombre derrière la meurtrière d'une des tours de la barbacane ou sur une échelle du donjon et tu restes à la fenêtre jusqu'à ce qu'elles disparaissent ; le son de la trompe du guet, un hennissement dans la cour et tu sursautes. Tu ouvres la porte des latrines chaque fois que tu passes devant, vérifies les recoins de chaque cabinet ou réduit. Ton regard passe d'un objet, d'un meuble à un autre comme si tu allais découvrir des réponses entre les ciselures des drageoirs, les dessins des tapisseries et les sculptures des meubles. Tu pénètres dans la cuisine au moindre éclat de voix, dévisages les queux, sauciers, tourne-broches, récureurs de pots et rôtisseurs. Chambrières, servantes, hommes d'armes, écuyers t'assurent de leur fidélité, galopins, paysans et artisans de la cité proposent leurs services, châtelains de tes terres, voisins et amis venus parfois de loin s'enquièrent de ta santé et attendent tes instructions. Ils te parlent mais ils ne sont que des images, le reflet de gens que tu as connus avant. En s'en allant, Olivier a emporté l'âme de Clisson.

Pour ce qu'il me plaist

Tu ordonnes qu'on remette des bûches dans les cheminées, que souffleurs et valets se relaient pour que les flammes ne meurent jamais. Que l'on rajoute de l'huile et de l'eau dans les godets des lampes et que l'on vérifie la longueur des mèches pour qu'elles ne s'éteignent pas. Que les torches brûlent jour et nuit et qu'on dépende les tentures devant les fenêtres. Qu'on voie le château à dix lieues ! Il sera le feu allumé à la pointe des côtes pour guider les bateaux, celui qui ramènera Olivier à la maison. Qu'on mette un porc à rôtir, du pain au four, il aura faim. Qu'on tire du vin, il aura soif. Qu'on chauffe de l'eau pour les étuves, après un si long voyage, il aura besoin d'un bain. Qu'on rajoute des couvertures et des fourrures sur le lit, il sera fatigué.

Quand il rentrera.

19

Le 3 août 1343, les spectateurs se pressent pour être aux premières loges. Ils ne sont pas là pour un jeu théâtral inspiré du *Roman de Renart* ou de *La Complainte et le jeu de Pierre de la Broce*. N'attendent pas la représentation d'un des mystères de la Passion par quelque groupe d'amateurs et bénévoles. Aucun miracle ne sauvera le condamné du châtiment qu'il s'apprête à subir comme dans les contes du *Tombel de Chartrose*. La mise à mort qui va se dérouler devant eux n'a rien de satirique, poétique ou religieux, elle est bien réelle. Et ça leur plaît.

Philippe VI voulait du spectaculaire, le prévôt de Paris a suivi les consignes. L'ordonnance royale a été diffusée et lue dans les prétoires et criées de la ville. À la croix du Trahoir, au carreau des Halles, au cimetière Saint-Jean, aux carrefours Guillori, Saint-Séverin et Saint-Hilaire et sur les places de Grève et Maubert, deux jours que le « juré crieur » s'égosille, accompagné de deux trompettes pour annoncer l'exécution du « sire Olivier de Clisson ». Au vu de la foule toujours plus nombreuse depuis le lever du jour, la communication a été efficace.

Autour de la place du Grand-Châtelet, les bouchers se hâtent de pendre les morceaux de viande aux crocs de fer derrière leurs étals. Le condamné vient de sortir de la prison. *Foimenteor ! Renégat !*

Le bourreau caresse les flancs du cheval, lui parle pour le rassurer pendant que deux gardes agenouillent Olivier sur une claie accrochée à l'arrière d'une charrette. La « claie d'infamie ». Silence ! Le greffier proclame haut et fort le jugement. Flottant dans la chemise de lin sale et déchirée qu'il porte depuis son arrestation, les cheveux encrassés plaqués à l'arc saillant des pommettes et aux creux des joues, le corps anguleux et voûté, Olivier, les mains liées devant lui, chancelle quand la charrette se met en route. La claie racle le sol, bute sur les pavés, il vacille, manque de tomber. Bien plus drôle que la farce du *Garçon et de l'aveugle* ! L'assemblée éclate de rire.

« Grant rue Saint-Denis. » La marche au supplice commence. Tout doux, le cheval, les badauds doivent pouvoir contempler le visage de la félonie. Au croisement de la rue de la Sellerie, les tanneurs abandonnent les peaux immergées dans les bassins pour sortir de leurs ateliers. Un sellier plante son aiguille courbe dans le cuir d'un harnais qu'il assemble, un bourrelier pose son tranchet sur le licol qu'il répare, leurs ouvrages attendront.

Halte ! crie le bourreau, et le greffier énonce la sentence, signalant à ceux qui ne l'auraient pas encore entendue l'ignominie et l'immoralité de l'homme devant eux.

Hou hou ! Infidèle ! Les gens reculent, les mères tiennent contre elles les enfants pour les protéger du Mal qui avance au pas. Des visages hilares, mauvais, apparaissent aux fenêtres à encorbellement au premier étage des maisons. Des crapauds surgissant et jetant leur langue venimeuse. *Félon !*

Halte ! Les coups de marteau et de burin des ferronniers cessent, le greffier prononce une nouvelle fois la condamnation. *Judas !*

La charrette tourne rue de la Cossonnerie, la claie se déporte à droite, à gauche, le coupable s'effondre. Un garde grimpe à côté de lui. *Debout !* Il le pousse de la pointe du pied. *Debout !* Le corps sans force se tord, péniblement se met en boule. Le garde le repousse. Les cris du public redoublent. *Vermine !* Le greffier intervient. Il faut avancer. Les couteliers ferment volets et auvents des boutiques, courent jusqu'au bout de la venelle.

Halte ! La procession s'arrête au centre de la grande place des Halles. Les gardes hissent le condamné sur l'échafaud, le bourreau lui bande les yeux. Le greffier demande à l'assemblée de prier pour le salut de son âme.

Salve, Regina, mater misericordiae.
vita, dulcedo et spes nostra, salve.
Ad te clamamus, exsules filii Evae.
Ad te suspiramus, gementes et flentes in hac lacrimarum valle.
Eia ergo, advocata nostra, illos tuos misericordes oculos ad nos converte.
Et Jesum, benedictum fructum ventris tui, nobis post hoc exsilium ostende.
O clemens, o pia, o dulcis Virgo Maria.

La tête d'Olivier roule sur le sol.

Il est midi. Les artisans peuvent retourner au travail, les commerçantes derrière les étalages et à la tenue des comptes, les clercs à l'étude et à l'écriture, les ecclésiastiques à la prière, les misérables à leurs méfaits, les étudiants aux lectures d'Aristote, de Priscien et de Galien, les servantes chez les notables qui les emploient, les ouvrières à l'atelier, les saute-ruisseau à leurs courses à travers les rues de la cité pour porter les commissions aux notaires et les billets doux aux amoureux. Il est midi. L'ordre est rétabli.

Il fait presque nuit. Le corps sans tête d'Olivier se balance, pendu par les aisselles au plus haut étage du gibet de Montfaucon. Jouet du vent et des corbeaux tandis que la putréfaction entame son travail. Des chiens aboient, tournent et sautent à ses pieds, excités par la promesse d'un festin. Assassins, voleurs et violeurs se réjouissent de ne pas être cette dépouille sans visage, puis entrent dans la taverne la plus proche pour boire à la bonne étoile qui a su les protéger une fois encore. Des magiciens repèrent les nouveaux cadavres qu'ils viendront voler pour quelque rituel de sorcellerie. Les prostituées exubérantes de vie se déhanchent parmi les curieux, offrent l'amour pour conjurer la mort qui rôde. Les diseuses de bonne aventure consolent les inquiets, confortent les bienheureux.

20

Les Nantais se pressent à l'entrée des remparts. Tu fixes la tête d'Olivier fichée sur la hampe en bois d'une lance devant la porte Sauvetout. Éclairé par le soleil, il ressemble au Christ. Encapuchonnée dans un manteau noir, tenant Guillaume et Olivier par la main, tu avances vers la lumière. *Écartez-vous, laissez-moi passer !*

Du vent, les oiseaux ! Tu effleures ses joues, rugueuses comme lorsqu'il rentrait d'expédition. Tu ôtes délicatement les mèches de cheveux collées au front, il a toujours eu chaud sous l'armure. Pourquoi est-il si pâle ? Ses lèvres sont si sèches. Pourquoi tant de peur dans ses yeux ? *Maudits corbeaux !* Les paupières fermées, c'est mieux. Tu veux le rassurer, le caresser pour sentir sa peau se couvrir de frissons quand tes doigts courent le long de sa colonne vertébrale. Respirer son odeur jusqu'à l'ivresse, poser tes lèvres sur ses bras et ses épaules endolories par les combats, enrouler tes jambes autour des siennes, emmêler vos corps. Il n'a plus de corps.

Les fils de ta vie craquent. Ce canevas vierge légué par tes parents, que tu as brodé jour après jour, se délite. Tes petits doigts d'enfant malhabile, serrant l'aiguille jusqu'à devenir rouges pour ne pas la laisser échapper, ont poussé et poussé encore pour transpercer la toile épaisse. Un point, deux points, trois points, ta peau s'est endurcie, tu t'es habituée à la douleur. Les écheveaux de toutes les couleurs à tes pieds, tu as cueilli un rouge flamboyant pour une robe de mariée, un bleu azur pour une nuit d'amour, un vert pour l'arrivée d'un enfant, un sable sombre pour un deuil ou une guerre, tu as glissé un fil d'or ou d'argent, ajouté des personnages à des vêtements de plus en plus éclatants, des châteaux de plus en plus grands, des fêtes de plus en plus fastueuses. Tu as sauté des points parfois, tu les as repris. Tu t'es piquée sans jamais te plaindre. Tu t'es battue pour que chaque tableau se termine par un nœud solide. Un bel ouvrage, de taille gigantesque, impeccable à l'endroit comme à l'envers. Qui doit continuer ! Il te reste encore tant de motifs à broder. *Cessez de tirer sur la toile !* Les fils de laine se rompent, le lin se déchire. *Où est mon aiguille ?* La planter à nouveau, reprendre la trame, stopper l'effilochage. Un point, deux points, trois points, tu essayes de reconstituer des fragments de scènes : ton père entrant dans la cour du château de Montaigu, ton frère portant le plat en argent d'un nouvel évêque à Poitiers, ta mère dans la grande salle de Palluau écoutant des troubadours, Geoffroy te passant un anneau à la main droite dans l'église de Châteaubriant, Olivier... Il n'y a plus personne, plus d'abri, plus de saison : juste toi, tes fils et un bâton de bois, plein d'épines, poisseux de sang et au bout, la tête de ton mari. Tu regardes son beau visage déformé par la mort et te demandes ce que tu dois faire.

Tu empoignes les cheveux d'Olivier et brandis la tête devant tes enfants en poussant un hurlement.

Guillaume, Olivier, ne pleurez pas ! La Bretagne le fera pour vous. Pour nous. Les Clisson n'ont pas de larmes, ils ont des armes. Ne vous cachez pas ! Regardez votre père et ce que la France lui a fait. Guillaume, ouvre les yeux ! Olivier, cesse de trembler ! Votre père ! Ce noble et grand chevalier qu'un prétendu roi a privé de sépulture chrétienne. Par la faute du Valois son âme ne trouvera jamais le repos. Il l'a condamné à être maudit ici et dans l'au-delà comme un manant, un criminel. On peut emprisonner et même assassiner un seigneur comme votre père, mais on ne peut pas le vaincre. Ce chien lui a refusé un tombeau, jusqu'à son dernier souffle le spectre de votre père viendra le hanter et le tourmenter. Ici-bas, c'est vous qui vengerez son nom. Le blason de Clisson a été souillé par le déshonneur et vous allez lui rendre son éclat. Vous le laverez par le sang. Le sang français.

Ta voix faiblit.

Ne pleurez pas, mes petits. Le roi de France ne doit pas entendre votre peine. Il ne doit pas savoir qu'il nous a brisés.

Tu déposes doucement la tête d'Olivier par terre, lui touches les cheveux, une dernière fois. Tu sais que tu porteras la douleur de sa perte jusqu'à ta propre mort et en acceptes le fardeau. Toute ta vie tu le pleureras. Toujours. Et face à lui, tes fils et toi levant vos mains jointes vers le ciel, ensemble et d'une même voix, vous jurez devant Dieu que la France paiera.

21

La France te dépossède. Les propriétés de Belleville et de Clisson vont être saisies. Elles sont déjà inscrites sur les registres des biens à la disposition de Philippe VI. Les tâches quotidiennes de gestion et d'administration des biens qui ont fait de toi une femme accomplie t'ont été retirées. Le nom légué par tes ancêtres et celui donné, en gage d'amour et d'amitié, par Olivier, ont été effacés.

Tu n'as plus de terre, plus d'identité, plus d'histoire.

Il ne te reste que tes enfants.

Et l'image de la tête d'Olivier empalée sur une pique.

La mort ou l'amputation calme les douleurs des blessures de guerre. Les souffrances du cœur sont, elles, inguérissables. En revenant de Nantes, tu t'enfermes dans la chambre conjugale. Tu ôtes cotte et surcot. Fini, les corsets ajustés, festonnés et incrustés de perles. Au diable, la soie et son insupportable fragilité, la fourrure et son insoutenable douceur ! Tu ne gardes que ta guimpe de veuve. Tu vides les coffres d'Olivier. Vêtements et armes sont éparpillés sur le sol.

Tu déchires les manches, trop longues, d'une chemise en lin épais, l'enfiles, ainsi qu'une paire de braies que tu roules autour de la taille. Tu passes un gambison de peau rembourré et par-dessus un surcot ample en drap de laine rouge. Rouge comme le fer de l'épée sous les flammes. Une épée.

Si les hommes occupés à nettoyer leurs équipements ont été surpris de te voir pénétrer dans la salle d'armes habillée de vêtements masculins trop larges et tenant une épée, ils n'en ont rien montré et sont sortis l'un après l'autre, te laissant seule avec le maître d'armes.

Face à face. Jambes écartées de la largeur du bassin. Pieds ancrés dans le sol. Tu soulèves les deux kilos d'acier de l'épée, les mains jointes sur la poignée pour une prière fatale. Le premier coup que tu donnes te déséquilibre. La percussion du métal remonte jusqu'aux épaules. Le maître d'armes n'a pas cillé. Nouveau choc. Tu restes droite. Tu portes à droite puis à gauche. Reprends ton souffle. Prête ? Le maître d'armes plaque sa lame contre la tienne, la presse pour que tu lâches. Tu tiens bon, plies, redresses, plies à nouveau et dans un élan le fais fléchir. Tu recules et balances ton arme sans précision.

Tu fonces droit sur ton adversaire, le repousses contre le mur. La pointe de ton épée ripe contre la pierre. Pourquoi les murs avancent ? Tu fauches les lances et hallebardes alignées à côté de la cheminée. Plus loin, tu plantes la lame dans la table en bois, tu tombes en la retirant. Debout, Jeanne ! D'un revers tu dégages les écus, cervelières et harnais laissés par les hommes en partant. Tu renverses les bancs, poses un pied dessus. Charles de Blois va déplorer les plaies de son cilice quand tu te seras occupée de lui. Jeanne de Penthièvre ? La boiteuse sera soulagée de son infirmité quand tu lui auras sectionné les deux jambes ! Et le duc de Normandie fendu en deux. Et Philippe VI se vidant de son sang, sa tête projetée en l'air, ses membres tranchés, éparpillés aux quatre coins du royaume, rongés par les charognards, pourrissant sous les yeux du peuple.

Le pont-levis n'a pas été relevé cette nuit. Dès l'annonce du châtiment d'Olivier, les Bretons et les Poitevins, consternés, sont arrivés en masse à Clisson.

Nobles, gentilshommes, petits seigneurs des environs, anciens compagnons d'expéditions d'Olivier, partisans montfortistes, paysans, sauniers, mineurs, vignerons de vos terres ont pris armes, fourches, haches et bâtons, embrassé leurs familles et quitté leurs foyers pour venir te rejoindre.

Guillaume Bérard les a tous rassemblés dans la grande salle. Tu en connais certains, les fidèles, Jean, ton beau-fils, Guyonnet de Fay, Geoffroy Denart, Macé Brideau, Pierre Brient, les gardes et hommes de Clisson, d'autres que tu vois pour la première fois. Sont-ils quatre cents, deux cents, cinquante ? Ils sont nombreux, autant que pour ton mariage avec Olivier. Moins bruyants.

Encouragée par leurs regards, emportée par la colère, soulevée par l'amour pour tes enfants, il est si facile de leur parler de la légitimité de ta fureur, de ton désir de vengeance et de la justesse de ta croisade. De leur expliquer ce que tu attends d'eux. Olivier n'est plus là mais il n'a jamais été si présent. Ce sont ses mots qui sortent de ta bouche. Tu es sa voix, la voix de tes fils, les nouveaux seigneurs de Clisson.

La lune comme témoin et les étoiles pour guide, avec tes compagnons, vous vous préparez dans la cour du château pour une expédition. Guillaume Bérard te tend une corne que tu mets en bandoulière puis aide Olivier à se hisser sur ton cheval. Guillaume tire sur les rênes pour avancer jusqu'à toi : il disparaît presque derrière son écu, ne dépassent que les yeux sous le camail et la cervelière. Cap à l'ouest ! Le château de Touffou est à huit lieues de Clisson, vous y serez avant sexte.

Tu connais la route par cœur, tu l'as si souvent empruntée pour tes promenades. Elle est douloureuse comme tous les chemins autour de Clisson. La mort t'a bannie de tous les lieux que tu aimais. Le petit corps chaud d'Olivier somnolant se pelotonne contre toi. Guillaume talonne son cheval pour rester à ta hauteur. Le galop permet de traverser la vie sans la voir.

À l'orée de la forêt de Touffou, la troupe s'arrête, tu continues. Le château est là, tout à son triomphe que le lys français ait choisi le sommet de ses tours pour enlacer les mouchetures d'hermine de la bannière de Bretagne.

La trompe du guet annonce une arrivée.

Tu replaces la guimpe, chahutée par le vent, caches l'épée sous ton surcot. *Prêt, Olivier ?* Ses bras se resserrent autour de ta taille.

Des silhouettes s'agitent sur la tour de garde pendant que tu trottes vers les douves. *C'est notre voisine, la dame de Clisson ! Déverrouillez les portes, abaissez le pont, la dame de Clisson nous fait l'honneur de sa visite !*

Comme tu l'espérais, la mort d'Olivier n'est pas encore parvenue jusqu'ici. Grincement geignard de chaînes, roulement laborieux de treuil et craquement de vieille carcasse : le château de Touffou ouvre sa gueule. Front, yeux, joues, nez, bouche, menton, sans protection, le capitaine français Galois de la Heuse émerge, jovial et avenant. La main sur la corne, tu lui souris. Tunique courte sur cotte de mailles, chausses, il n'est pas armé. Le tablier du pont touche le sol, il t'invite à entrer. Tu souffles dans la corne.

La troupe jaillit de la forêt. Galois de la Heuse et les militaires n'ont pas le temps de redescendre la herse que, déjà, tes compagnons investissent le château. Ton fils Guillaume à l'avant, suivi de Guillaume Bérard, les entraîne. *Clisson ! Pour ce qu'il me plaist !* La garnison française est en panique dans la cour, dévale des courtines, sort des tours et du donjon, court en tous sens, Galois de la Heuse détale comme un lapin en direction du logis. *Accroche-toi, Olivier !* Épée au poing, tu le poursuis, des hommes tentent de t'arrêter avec leurs lances. Du pied et de la pointe de ton épée tu repousses la piétaille. Tu écrases la racaille. Tu es Miryna, Antiope, Mélanippe, Penthésilée, reine des Amazones. Achille, Alexandre, Thésée et Priam s'écroulent sous ta lame. Chaque corps qui tombe te fortifie. La mort te rend vie. Tu te sens invincible. Olivier se colle à toi. Tu es invincible.

Peu importe si Galois de la Heuse a réussi à s'échapper. Qu'il aille raconter à la cour de France comment la veuve Clisson a décimé une garnison !

Sur le chemin du retour, chacun vient féliciter Guillaume pour son premier combat. Olivier, qui ne veut pas être en reste, relate tes exploits, il fait de grands gestes derrière toi. Tous parlent déjà de recommencer, récapitulent les châteaux alentour tenus par les blésistes et l'armée royale. Ils échafaudent des plans, se proposent de rallier à ta cause tel ou tel seigneur et voisin. Ils vont reconquérir la Bretagne, s'uniront aux Normands, iront chercher les

Brabançons, les Flamands,… Ensemble, ils vont *bouter* les usurpateurs hors du duché. Ils vaincront par la ruse sinon par le nombre. Il est si jouissif de berner une troupe française comme une pucelle.

Une stratégie peu chevaleresque mais pas moins que l'arrestation d'un noble au cours d'un tournoi et son exécution sommaire en place publique.

22

Philippe VI te convoque une nouvelle fois devant la justice le 26 août : « *Le Parlement est fini. Ont été réservées les causes criminelles contre la dame de Belleville, veuve de Clisson, et leurs familiers, et contre les Normands appelés aux droits du Roi, et contre Jacquemard de la Fontaine et P. de Robais.* »

Olivier est mort depuis vingt-trois jours.

Le temps n'existe plus. Tu quittes Clisson au creux de la nuit, reviens à l'heure du loup, t'endors au chant du coq, te lèves quand le soleil est au plus haut. L'éclat de ton épée ou de ta hache est l'étoile du berger qui te conduit. Les distances n'existent plus. Tu parcours la Bretagne pour semer la terreur dans les villages et châteaux affidés au roi de France. Tes crocs déchiquettent, tes dards percent, tes griffes écorchent. Aussi dangereuse que les quatre cavaliers de l'Apocalypse, tu laisses derrière toi une désolation qui n'a d'équivalent que celle de ton cœur. La

France a extirpé un animal monstrueux des limbes de l'enfer.

Ton fils derrière toi, tu as chevauché toute la nuit au rythme des battements de son cœur pour couvrir les cinquante-huit lieues qui séparent Clisson de Locmariaquer, dans la baie de Quiberon. À l'entrée du village, les habitants prévenus de ton arrivée t'attendent avec des fourches, des faux, des bâtons, des piques, des couteaux, dénichés dans la hâte dans les granges, cuisines et ateliers. Pensent-ils vraiment pouvoir t'arrêter ? Pourtant, ils te font face, prêts à se battre jusqu'à la mort pour sauver leurs familles, leurs maisons et leurs bêtes. Courageux jusqu'à l'inconscience comme seuls les désespérés peuvent l'être. Ils sont comme toi. Tu sais que tu ne passeras pas sans les avoir tous tués. Hommes, femmes, enfants, vieillards, ça va être un carnage.

Ta main se referme sur le pommeau de ton épée. Le relâche. Au loin des torches serpentent, un bourdonnement monte dans le petit matin. Un chant que tu ne peux t'empêcher de reprendre. Le *Salve Regina* court sur tes lèvres. Le curé du village, suivi d'enfants et de femmes portant bannières et statues de saints, marche sur toi. Les paysans baissent leurs armes, s'inclinent au passage du cortège en entonnant la prière.

Guillaume et tes compagnons te fixent. Tu ressens leur désarroi, un mélange d'intimidation, d'envie de rebrousser chemin face à ce curé et sa foi infaillible qui le pousse à te défier, et de loyauté envers toi et ta foi infaillible en ton combat.

Locmariaquer : le lieu de la Vierge. La mère de Dieu se rappelle à toi. Vas-tu assassiner ses enfants ? Leur enlever la vie qu'elle leur a donnée ? *Mère ?* Olivier passe la tête sous ton bras et tire sur ton surcot. *Mère ?* Tu ajustes les rênes de ton cheval et fais demi-tour.

23

Charles de Blois appelle des renforts, Philippe VI lance ses chiens à tes trousses. Ils te poursuivent sans relâche. Tu n'es plus en sécurité nulle part. Jusqu'alors, le pont-levis de Clisson te protégeait de ce monde auquel tu n'appartiens plus. Aujourd'hui, barbacanes et remparts menacent de s'écrouler. Tu vois les fissures s'agrandir de jour en jour lorsque l'on vient te chercher à toute heure pour fuir précipitamment parce qu'une troupe de blésistes a été signalée traversant un village aux alentours. Emmenant enfants et bagages, tu te réfugies dans les seigneuries t'appartenant encore, chez des amis. Tu passes de château en château tenus par les Anglo-Bretons, te caches dans les bois et dors dans les clairières, tu mendies l'hospitalité aux curés connus pour leur amitié montfortiste, tu fréquentes des auberges de campagne où des voyageurs trop épuisés ou trop lâches ne te dénonceront pas. Beauvoir-sur-Mer,

Notre-Dame-de-Monts, Pornic, Guérande, Le Croisic, Quiberon, Port-Louis, Hennebont, Le Conquet, Saint-Mathieu, Trémazan, Morlaix, tu t'éloignes de Clisson, surveillé par les partisans de Charles de Blois. Comme une lépreuse, on te repousse ; comme une juive, on te refoule ; comme une sorcière, on te chasse. Tu es le loup que l'on rabat vers le ravin et qui n'a d'autre choix que de se rendre ou de sauter.

Olivier et Guillaume te suivent, ils sont le miroir de ta vengeance, l'oriflamme pour laquelle tu es prête à mourir. Ta fille Jeanne, encore trop jeune pour cette vie de chevalier errant, a été confiée à des proches sur qui tu peux compter. En brisant ta famille, Philippe VI l'a démultipliée, unifiée.

Tous les soirs avant d'aller te coucher, tu racontes à Guillaume et Olivier la saga des Clisson et des Belleville, ensemble vous reconstruisez votre empire perdu. Les seigneuries bretonnes, normandes et poitevines, la forteresse de Clisson que vous rebâtissez pierre par pierre. Les yeux fermés, vous gravissez les escaliers à vis pour vous infiltrer dans les chambres et les cabinets, vous frôlez les coffres et les armoires, vous reconstituez les motifs des ciels de lit, les dessins des courtines suspendues, les entrelacs sculptés sur les bois et les moulures des solives. Vous revivez les banquets de fin de tournois et humez les odeurs de viandes rôtissant dans la double cheminée du logis de la cuisine.

Vous cultivez l'arbre généalogique dont Guillaume et Olivier sont les tuteurs. Ses racines s'enfoncent profondément dans la terre, le tronc puissant supporte encore le poids des branches, des feuilles et des fruits malgré les intempéries qu'il a subies au cours des siècles. Vous grattez l'écorce des rameaux morts pour qu'ils donnent encore des bourgeons, vous greffez de nouveaux alliés et élaguez les traîtres. Votre histoire est votre socle, vos souvenirs, votre richesse.

Tu n'as plus de maison, tu as cent maisons.

Tu n'as plus de terre, tu as la terre.

Et, enveloppée dans un passé qui te nourrit et te tient chaud, robes, fourrures et bijoux ne te sont plus utiles. Ramassant les morceaux d'une vie, les rapiéçant pour t'en fabriquer une autre, tu vends tout, achètes de quoi prendre possession d'un nouveau territoire : l'Atlantique et ses mille deux cents kilomètres de côtes découpées par la gradine d'un apprenti tailleur de pierre, et la Loire et le Blavet, qui ont creusé leurs lits au sein de forêts bienveillantes.

Il a été facile de te procurer un bateau. Le temps te fait défaut pour en commander un neuf : le travail du charpentier de navire, du calfat, des cordiers, des fabricants de voile, demande de longs mois. En revanche, la route maritime aux abords de la Bretagne et plus encore de l'Aquitaine est très empruntée et les endroits où acheter des navires de seconde main ne manquent pas.

Les côtes atlantique, de la mer du Nord et de la Manche sont les théâtres de quelques actes de piraterie, d'accrochages entre Hanséates, Castillans, Anglais, Normands et Bayonnais, de conflits identitaires ancestraux trouvant caution dans la guerre qu'Édouard III attise avec délectation, et d'attaques de mercenaires ingérables et sans patrie. Butins de pillages, de guérillas, de brigandages ou prises de guerre : dans les ports de Saint-Malo, de Morlaix, de Brest, de Guérande, du Conquet, de Port-Louis et de ton ancienne seigneurie de Beauvoir-sur-Mer, tout s'échange et s'écoule, et en premier lieu, les bateaux. À voile unique et à coque ronde, rouge ou noire selon si le bois a été enduit de poix ou d'une pâte de plomb pour les protéger des vers et des ravages de la longue immersion dans l'eau. Et s'ils n'ont pas été fabriqués dans des bois trop verts, peu denses et résistants donc pourrissant vite, ou s'ils n'ont pas trop pâti des batailles, ces navires se revendent à prix d'or. Mais tu as les moyens.

Ton équipage n'est pas constitué d'amiraux, vice-amiraux, de capitaines de places fortes maritimes, de jeunes nobliaux avides de carrière militaire ou de mercenaires génois. Mais ta troupe croit en toi. Et en son sein, il y a un bon nombre de pêcheurs ou de convoyeurs de marchandises de Beauvoir-sur-Mer, de l'île de Bouin, de Noirmoutier, d'Yeu, de la terre de Lagort, tous ayant l'expérience de la navigation fluviale, côtière et hauturière. Nul besoin, en 1343, d'être un grand marin pour embarquer. Et qui peut se vanter de l'être ou de connaître vraiment la mer ?

Ceux qui vivent à proximité taisent leurs criques secrètes, leurs viviers à poissons, savent la route des sardines remontant d'Espagne à la fin du printemps, les rivages regorgeant de moules, de patelles et d'huîtres. Ils se retrouvent le soir sur les plages portant des flambeaux pour guider les bateaux vers le rocher qui les fera échouer pour faire valoir leur droit de bris et de naufrage et ainsi récupérer les épaves et les cargaisons. La mer et ses abords ne sont que dangers.

C'est un voisin et sa barque qui ont disparu dans une bourrasque, un autre, matelot sur un navire marchand, dont les compagnons se sont noyés parce que comme la plupart des gens ils n'ont jamais appris à nager. Le mari d'une cousine tombé dans un trou d'eau alors qu'il marchait en bord de côte. La fille ou le fils d'un ami emporté par une vague sous les cris de sa mère impuissante. Les veillées et conversations de sorties de messe sont hantées de victimes de cette satanée mer qui ne rend pas toujours les corps. Dieu seul sait ce qu'il y a là-dessous !

Pour les marins vivant à bord, passant les jours et parfois les nuits à la merci des vents, le littoral n'est qu'une succession de paysages. Des îles, des écueils, des récifs avec lesquels il faut négocier ; des baies et des bancs de sable qu'il faut éviter sans pour autant perdre son chemin, la route vers le salut, celle qui mène au port. Une espérance fragile pour des hommes qui ne peuvent compter que sur eux-mêmes et de vagues conseils fournis par d'autres. À part les grands voyageurs et commandants de flottes militaires qui ont recours à des compas, des portulans et à des astrolabes rapportés d'Orient, les gens de mer comptent sur l'expérience du pilote, sondent à la main ou jettent l'ancre et s'en remettent au ciel. Ils observent les étoiles, la lune, le soleil et les nuages, ils prient et croient en la chance. Les nuits sans repère céleste, lorsque les côtes semblent des gouffres noirs terrifiants, ils espèrent avoir été repérés par quelque moine ou villageois bienveillant qui allumera des feux, sonnera la cloche pour les guider vers un havre, une rade, un port. Là, ils débarqueront sur la rive naturelle du littoral et jetteront une planche de guingois. Là, ils se soûleront dans les tavernes, expurgeant la peur qui les a tenaillés chaque jour passé à bord ; ils se battront parfois jusqu'à la mort mais contre un adversaire bien réel. Ils feront l'amour avec des inconnues qui, en échange de quelques livres, les emmèneront en des contrées de douceur et sans écueil. Ils étreindront leurs femmes s'autorisant enfin à pleurer dans leurs bras protecteurs et se rassasieront des baisers, de l'odeur et des caresses de leurs enfants. Ils jouiront de ces instants sur terre comme des condamnés à mort, les graveront dans leur mémoire pour mourir en souriant.

Toi, à quarante-trois ans, tu as entreposé dans ton grenier suffisamment de bonheur et de malheur pour tenir une vie entière à te lever chaque matin et jouer avec la mort. La terre ne t'offre plus de promesse. Tu aurais pu rallier l'Angleterre comme les autres parias mais tu n'en as pas fini avec le royaume de France. Début septembre 1343, tu embarques.

Au gré du vent et des marées, tu parcours les côtes bretonnes et normandes jusqu'à la Manche, la Loire et le Blavet, à la recherche de bateaux français. Tu ne sais pas toujours qui tu frappes. Les pavillons ne sont pas encore obligatoires et seuls les vaisseaux militaires et gros navires marchands arborent fièrement leurs appartenances. Tant pis pour les imprudents navigant sans couleurs ou les petits malins pensant éviter les attaques en dressant celles du pays qu'ils longent. Avec la même fougue que sur terre, tu prends d'assaut tous les bâtiments croisant ta route. Tu abordes, tu massacres l'équipage, tu coules le navire. Et, ne laissant que débris et cadavres, vérifiant par toi-même que les corps jetés à l'eau n'ont plus souffle de vie, tu reprends ta chasse. Tu opères des raids sur terre, débarques de ton bateau, sautes sur un cheval et galopes jusqu'au château, la ville ou le village les plus proches pour décimer les habitants jusqu'au dernier.

Dans les ports, on prononce ton nom à voix basse, dans les tavernes, à l'heure où l'ivresse délie les langues, tes exploits détrônent ceux de la princesse viking Alwida et de son équipage de femmes, qui, il y a quelques siècles, régnaient sur les mers du Nord. Selon les récits, tu as jusqu'à quatre bateaux et commandes une armée de quatre cents hommes. Tu t'enveloppes d'un grand manteau noir passepoilé de fourrure grise à la capuche toujours relevée ou t'habilles en homme.

Tes carnages hantent les nuits des bourgeois attendant une livraison maritime, effrayent les nobles et seigneurs qui doublent la garde devant les pontslevis, réchauffent le cœur des prisonniers de guerre au fond des cachots. Toujours plus cruelle, plus sanguinaire, plus déterminée, plus téméraire, disparaissant puis réapparaissant comme un mauvais génie, tu es partout, tu es nulle part.

On te voit au large de Noirmoutier suivant la Grande Ourse et à l'embouchure du golfe du Morbihan au petit matin. Tu jettes les dépouilles de tes victimes dans le Blavet en chantant sous la lune. Au même instant, tu passes devant le port de Nantes en jurant damnation à Charles de Blois, sa femme et ses enfants. Ton bateau mouille à Morlaix où tu avises tes hommes d'un nouveau coup. C'est un négociant en vins qui apprend que sa cargaison a coulé : tu avais coupé sa route. C'est un navire revenant d'Orient les cales pleines d'étoffes et d'épices qui échappe de justesse à un de tes abordages. Des restes d'équipages, des cadavres démembrés et des vaisseaux flottent aux abords de l'île de Bouin : on prie pour les victimes et pour que tu ne sois plus dans les parages.

Tu possèdes des pouvoirs magiques. Maléfiques. Foi de marin : une femme à bord porte malheur. Parole de chrétien : quelle mère, quelle épouse, quelle fille peut s'acoquiner avec la mer, œuvre du Diable qui prend les maris, les fils et les pères de longs mois, sans toujours les rendre ? Tu es comme ces créatures « empoissonnées », matoises et redoutables, qui, par la beauté de leur corps, dont elles ne révèlent que la moitié, attirent les marins. Les envoûtent par la douceur de leurs chants, les bercent de leur voix veloutée pour qu'ils retrouvent la chaleur et l'innocence du sommeil de l'enfant et abusent d'eux avant de les entraîner vers les fonds obscurs où elles les dévoreront. Tu as quitté le monde des vivants.

Jeanne de Belleville dame de Clisson n'existe plus.

La Lionne sanglante

1343-1344

« Les hommes s'étaient conduits en femmes,
Et les femmes en hommes. »

HÉRODOTE, *Histoires*, Livre VIII,
chap. 86 (445 av. J.-C.)

Été

Le bateau n'a rien d'un bâtiment militaire. Il est de faible tonnage, le château à l'arrière n'est qu'une pièce rudimentaire, meublée d'une table rivetée au plancher et d'un banc fixé dos à la mer qu'éclairent trois ouvertures de la taille d'une meurtrière. Au-dessus, le gaillard n'est qu'une plateforme soumise aux vents et intempéries. Ce bateau n'a probablement jamais enjambé la ligne du soleil couchant, n'a connu que les côtes bretonnes et normandes, mais il les connaît bien. Plus d'une fois, il a déjoué le piège d'un aber diabolique aux ramifications foisonnantes, d'un polder où la terre vorace gagne sur l'eau, d'une ronde de pics rocheux aussi féroces que les mâchoires d'un animal. Il a beaucoup navigué.

Quelques tempêtes l'ont égratigné, la houle a fini par délaver les plaques se chevauchant du bordage à clin et une colonie de crustacés a posé ses pédoncules sur la quille, des chargements de sel et de vin ont laissé des empreintes grisâtres et violacées sur le pont. Ce bateau est une grosse bête de somme flottante à l'air jovial avec les bords dodus de sa coque ronde, retroussée à l'avant et l'arrière.

Il est charpenté en chêne et assemblé de rivets d'acier, la carène a été consolidée par des poutres la traversant de part en part. Et malgré l'unique mât de pin, la voile repliée sur la vergue et la nacelle de la vigie qui lui donnent l'allure d'un I égaré entre ciel et mer, ce bateau a fière allure sur la rive du Blavet.

À l'abri des arbres, la clairière non loin de Bieuzy en bordure du fleuve où la Lionne sanglante et son équipage ont installé leur camp semble avoir été oubliée du monde. Seuls des reliefs de cierges à l'entrée de la grotte signalent le passage de villageois. Des gouttes de cire figées écrivent l'espoir d'une grossesse, la guérison d'un enfant ou le retour d'un père marin sur la roche qui avait accueilli l'ermitage de Saint-Gildas et de son disciple.

La Lionne sanglante se repose. Les conversations de la troupe examinant la fiabilité de l'embarcation se fondent dans le murmure monotone du vent, qui, depuis le début de la matinée, pousse les nuages à l'ouest, vers l'océan.

Debout à l'avant du gaillard, Guillaume bombe le torse pour gagner quelques centimètres de virilité, lance des ordres soulignés d'un mouvement de main sec et autoritaire pour effacer l'instabilité de sa voix adolescente. Olivier, quelques pas derrière lui, imite son frère qui imite son père. Le mari de la Lionne sanglante est éparpillé dans ses fils.

Trois des membres de l'équipage parmi les plus jeunes et les plus agiles, assis sur la vergue, vérifient les gréements avant de déployer la voile. Guyonnet de Fay fait le tour du bateau avec Guillaume Bérard une dernière fois, s'arrête là où la coque a besoin d'être enduite de pâte de poix pour que ni la mer, ni la pluie, ni les vers ne s'infiltrent dans le bois. Geoffroy Denart a organisé une chaîne pour charger les vivres, le vin et des couvertures de laine dans la cale, des coussins et des courtepointes dans le château où la Lionne sanglante et les enfants pourront se réfugier.

Le vent a chassé les nuages, le soleil jette une cape scintillante sur l'eau du fleuve, c'est une magnifique journée d'été. La troupe qui monte sur le bateau tout en appréhendant des lendemains périlleux est heureuse. Ceux qui embarquent pour la première fois et manquent d'équilibre sont guidés par d'autres que la pêche ou la marine marchande ont guéris du désarroi de ne plus fouler la terre ferme.

En quittant la berge, la Lionne sanglante, à l'avant du bateau, se détache irrémédiablement du monde enluminé de son passé. Un ruban de jonc festonne la rive, le paysage se suspend un instant puis disparaît. Les arbres succèdent aux arbres, les sentiers aux sentiers, les rochers aux rochers, les baies de sable aux anses de galets aux baies d'herbes verdoyantes.

Pour ce qu'il me plaist

Les eaux du Scorff se joignent au Blavet. Le bateau contourne l'île de Tanguethen, dépasse le clocher du monastère de Saint-Michel. Plus loin, des bateaux se balancent mollement à la pointe de la presqu'île de Blavet. La terre s'étrécit, n'est plus qu'un fil qui court sur les flots.

À l'horizon, l'étendue grandissante du ciel et de l'océan.

Les hampes fixées en haut des tours du château de l'île d'Yeu échevèlent les lambeaux de brume s'élevant de la mer. L'étendard à fleurs de lys à leurs sommets danse dans la brise matinale. Faisant mine de cueillir des herbes sur une dune, la Lionne sanglante travestie en paysanne épie les mouvements de la garnison française en place.

Depuis la tourelle, un guetteur scrute la mer et les chemins environnants, des sentinelles arpentent le chemin de ronde sans relâche, trois gardes devant la herse vérifient l'identité des visiteurs, des soldats patrouillent dans les bois et la lande de Ker Chauvineau à Ker Bossy et sur les rivages de la pointe du Châtelet à la Meule.

De retour au bateau, les informations glanées par ses hommes ne sont pas plus encourageantes. Macé Brideau n'est pas convaincu que le pêcheur à qui il a justifié leur escale au port des Bretons par un besoin d'approvisionnement l'ait cru. Les Islais posent des questions : ils sont chargés par les Français de se renseigner sur les intentions du moindre navire mouillant dans les anses, et de donner l'alerte s'il s'agit de soldats ou de gens en armes. En cas de danger, tout individu en âge et en état de se battre est mobilisé. Une île de vigies et d'espions.

Ils n'ont aucune chance. Et en admettant qu'ils parviennent à s'approcher du château, le pont-levis étroit ne peut être emprunté que par deux personnes, l'une derrière l'autre, et les façades sud, est et ouest plongent à pic dans la mer. Quitter l'île avant d'être repérés.

La chance se provoque ! Si des incendies se déclarent simultanément au bourg de Saint-Sauveur et dans les hameaux de la Croix, de Ker Pierre Borny et de Ker Châlon, les soldats et habitants se précipiteront aux quatre coins de l'île et le château sera à leur merci. *Il faut mettre au point un plan !*

Guyonnet, ici ! Geoffroy, là ! Pierre, devant le monastère de Saint-Étienne ! Olivier, Guillaume et moi en embuscade sur la falaise au-dessus de l'anse du Jard ! Macé… Griffant le pont avec la pointe de son épée, la Lionne distribue les rôles. *Non, pas le monastère… et Geoffroy, à la Meule !* Elle écorche le bois, grave des croix, les efface, en ajoute d'autres. *Macé à Saint-Hilaire !* Autour de ses pieds, le pont du bateau est constellé de rayures. Guillaume plaque son épée contre la sienne. *Si chacun de nous est dispersé, mère, comment ferons-nous pour attaquer ?*

Le château est imprenable. Comme elle l'avait voulu lors de sa reconstruction.

Guillaume ordonne l'appareillage. Chacun prend son poste en silence. Sur les flots calmes de l'océan, le bateau entreprend sa route en bordant l'île d'Yeu par l'ouest.

L'air salé revigore l'équipage. Guillaume, suivi d'Olivier, va d'un homme à l'autre. Les conversations reprennent. Le navire file vite. Ils seront à Saint-Gilles-sur-Vie avant la fin de l'après-midi.

Seule à la poupe du bateau, suivant des yeux le ventre blanc des oiseaux décrivant au loin des cercles dans le ciel, la Lionne sanglante semble attendre une promesse. Derrière elle, l'île d'Yeu n'est plus qu'un point gris brisant la ligne bleue de l'océan.

Cap à tribord !

Guillaume rejoint sa mère. La terre est à bâbord ? On ne rentre pas. Le vent est avec nous.

Navire à tribord ! Un seul bâtiment de bonne taille ! La vigie s'époumone sur la hune. *Ils nous ont vus et ont sorti les rames. Ils souquent ferme !*

Le bateau devant eux avance péniblement. Puis, ayant perdu tout espoir de leur échapper, s'arrête et attend l'accostage.

Avant même que les coques ne se touchent, la Lionne sanglante se précipite sur le pont. Le capitaine, vêtu d'une cotte de velours rouge, tombe à genoux. *Honorable dame, nous n'avons pas d'or, que du tissu, des écheveaux et des plumes. Je suis mercier à Nantes. Tenez, prenez mon aumônière. Il y a quelques livres tournois. Et mes bijoux.* Elle l'exécute à coups de hache, sans lui laisser le temps d'enlever la chaîne qui pend à son cou.

Le reste de l'équipage par-dessus bord ! Fouillez le bateau et partagez-vous la marchandise.

Olivier apparaît sortant de la cale, enveloppé d'étoffes chatoyantes et les mains pleines d'objets qui brillent au soleil.

Un fieffé menteur, ce mercier.

Un sérieux problème de cordage. Guyonnet de Fay l'avait appris de la bouche même de l'officier chargé du ravitaillement en maraudant dans le port de Landerneau. Les informations étaient exactes : le bateau génois est bien là. Immobile et silencieux sous la lune, comme une grosse poule dormant paisiblement dans une basse-cour sous protection française. Landerneau, cité principale du fief des Léon, famille de traîtres à la Bretagne dont le seigneur Hervé VII est emprisonné depuis un an à Londres. Qu'il croupisse dans sa geôle ! Qu'il meure de honte lorsqu'il apprendra qu'un bateau allié à la France a été mis à sac par la Lionne sanglante dans son port, au nez et à la barbe de ses gens.

La majorité de l'équipage est partie s'enivrer, des hommes de la Lionne sanglante les y aideront. Les autres, elle en fait son affaire.

Longeant le littoral, deux silhouettes marchent en direction du bateau génois, s'arrêtent pour discuter bruyamment devant la passerelle. À l'arrière du bâtiment, deux gardes laissent leurs compagnons à leur partie de dés pour s'approcher, la main sur le fourreau, prêts à sortir leurs armes. C'est rien, deux soudards ! Ils n'ont pas vu les ombres se faufiler sous la coque pour encercler le bateau.

Pour ce qu'il me plaist ! La Lionne sanglante lance l'assaut. Olivier, à ses côtés, répète le signal en sautillant. Pendant qu'elle et son fils montent à bord, des flammes noires surgissent du plat-bord et fondent sur l'équipage. Comme une pluie d'étoiles descendues du ciel, les lames scintillent sur le pont. Olivier serre la main de sa mère chaque fois qu'un corps s'écroule sous les coups de son frère.

Le bruit du combat a réveillé le capitaine du bateau, Guillaume Bérard l'a cueilli à la sortie du château. Il le tient agenouillé au bout de son épée face à la bataille. Qu'il ne rate rien du massacre !

Les rares survivants sont rassemblés devant elle, à la proue. Ils prient en silence, supplient qu'on leur laisse la vie sauve, certains pleurent. Un officier surpris dans son lit n'a pas eu le temps de s'habiller : vêtu de braies, d'une chemise et d'un bonnet de nuit, il tremble de froid et de peur. Des fillettes, ces Génois !

La Lionne sanglante tire son épée, demande à Guillaume de la rejoindre. Chacun son tour, attendant que l'autre ait terminé pour agir, ils leur tranchent les pieds et les mains un par un avant de les jeter par-dessus bord. Il ne reste plus que le capitaine.

Elle sourit à Olivier, qui court se coller contre elle. L'enlaçant, refermant ses mains sur les siennes, elle l'aide à soulever l'arme. Ensemble, ils découronnent le capitaine.

Bientôt, le ciel se confond avec la mer. Les vagues se dressent, tentent d'atteindre les nuages, de les rattraper dans leur course effrénée vers l'horizon. Le temps est incertain en ces jours d'équinoxe et de grande marée. La Lionne sanglante sait aussi que, malgré le ciel bas et des flots troublés, presque lourds, il est possible de garder le contrôle du bateau.

Brassez la voile ! En vain. Le vent redouble, souffle de tout bord. Il faut réduire la voile, la replier sur la vergue. Que les hommes se placent à bâbord, pour diminuer la gîte !

Le plus jeune de l'équipage grimpe à la vergue et se hisse au sommet avec l'agilité d'un chat.

Les jambes enroulées autour du bois, le garçon tend un bras pour tenter d'attraper la voile. Un tourbillon de pluie vient s'y engouffrer. Elle se gonfle, repousse le garçon qui, perdant l'équilibre, part en arrière. Il se redresse et, après plusieurs tentatives, parvient à empoigner le mât. Il se recroqueville autour du bois. Sur le pont, tout le monde retient son souffle. Les superstitieux fixent le plancher de peur qu'un regard trop appuyé n'alourdisse la frêle chrysalide suspendue au bout de la vergue.

Geste après geste, apprivoisant un animal furieux, il saisit la voile. La replie.

Jamais il n'a regardé en bas.

La Lionne sanglante lui touche l'épaule. Il a sauvé le bateau, l'équipage.

Donner du répit.

Un paquet de mer s'abat sur l'avant, un deuxième à bâbord, un troisième à tribord. Les lames sont de plus en plus violentes. La mer s'abaisse, se soulève comme si elle cherchait à s'affranchir des bas-fonds. Le bateau se couche. L'équipage, vulgaire ballot de paille, est projeté sur le côté. Chacun essaie de s'accrocher au plat-bord, au cordage, à la chaîne de l'ancre. Ne pas tomber dans l'eau.

À travers les nuages qui filent à toute vitesse, le soleil point par intermittences, donne des coups de langue sur le pont. Une voix s'élève du vacarme : « Il se redresse. Il se redresse. »

Comme un vieillard, le bateau se relève dans un craquement sourd et douloureux. La houle gronde une dernière fois avant de se taire, la respiration de la mer s'apaise. Un miracle !

La Lionne sanglante cherche ses fils. Guillaume est déjà debout. *Olivier ? Olivier ! Mère !* Il émerge des bras de Guillaume Bérard.

Il ne manque aucun homme. La barre a été reprise. Cap sur la terre. Sans voile, sans rame, en silence.

Je n'ai pas le droit comme Guillaume de me battre. Je suis toujours obligé de me cacher dans le château du bateau dès qu'il y a une bataille. Quand je lui demande pourquoi je dois attendre, ma mère me répond que je dois apprendre. Même si elle m'emmène partout, elle pense que je suis encore trop jeune pour me battre. J'ai sept ans. Quand on est à terre, Guillaume Bérard et les autres me font faire des quintaines ou font semblant de jouter contre moi. J'ai une épée en bois, mais j'aimerais bien avoir une vraie arme et faire comme mon frère, comme ma mère.

Elle manie l'épée et la hache d'abordage mieux que les hommes. L'équipage l'écoute et la respecte. C'est vrai qu'elle peut être cruelle. Mais moi je n'ai pas peur d'elle.

Le soir, quand elle se couche et qu'elle me croit endormi, j'entends sa respiration entrecoupée de sanglots. Elle se blottit contre moi, me caresse les cheveux et m'embrasse dans le cou. Elle me parle aussi, mais si doucement que je ne comprends pas ce qu'elle dit. Je devine.

Depuis que le roi de France a tué mon père, elle est en colère le jour et triste la nuit. Jeanne de Belleville sous la lune et Lionne sanglante sous le soleil. Elle est comme la fée Mélusine, elle se transforme. J'aimerais la prendre dans mes bras, couvrir ses joues mouillées de mes baisers et lui dire que Guillaume et moi sommes là et que, tant que nous sommes ensemble, il ne peut rien nous arriver, mais je sais qu'elle ne voudrait pas et s'énerverait. Alors je fais semblant de ne rien voir.

Parfois, je pense à notre vie d'avant et moi aussi j'ai du chagrin. Mais le roi de France a tué mon père. Il a souillé notre nom et jeté l'opprobre sur notre famille. C'est de sa faute si ma mère se transforme et massacre autant de gens. Elle lutte pour que nous puissions lever notre bannière haut dans le ciel. Pour que le lion des Clisson rugisse sur la Bretagne et le Poitou. Je suis le petit de la Lionne sanglante et grâce à elle j'apprends « la bravoure et la férocité qui feront de moi l'un des guerriers les plus redoutés ».

Automne

Avis du royaume de France

Le 29 septembre 1343, dans une intervention à la requête du roi de France auprès d'Édouard III, le pape Clément VI se plaint de la veuve Clisson et d'une guerre maritime qu'il considère comme une violation de la trêve et demande au roi anglais d'y mettre un terme.

Au loin, le piton de granit de la presqu'île de Blavet veille. D'un côté, la mer et sa côte sablonneuse ; de l'autre, l'embouchure de la rivière et ses bancs de vase. À marée haute, les roches à fleur d'eau sont une couronne d'épines et lacèrent les carènes des navires. À marée basse, comme en ce moment, la terre s'y accroche comme des centaines de mains. Au mouillage devant l'île Saint-Michel, sur le Blavet, en plein territoire montfortiste, la Lionne sanglante se sent protégée.

L'eau est si calme. Le ciel si uniforme. Pas un brin de vent. Comme si Dieu cherchait à se faire pardonner l'ouragan essuyé le matin au large de Groix. Le bateau englouti par les vagues, avant d'en rejaillir par miracle, naviguant à l'aveuglette sous une pluie battante, elle avait cru cette fois-ci ne jamais pouvoir atteindre le continent. L'hiver approche, les tempêtes sont de plus en plus violentes, de plus en plus nombreuses.

Guillaume Bérard avait voulu l'obliger à se réfugier avec Guillaume et Olivier dans le château. Elle avait refusé. S'était cramponnée au mât et avait affronté le déchaînement céleste avec ses hommes. Elle avait eu peur. Une peur différente de celle ressentie face à un adversaire de chair et de sang. Bien plus grande. Bien plus sublime. Elle avait défié les rafales de vent qui voulaient la faire taire, l'eau salée qui l'aveuglait et balayait ses larmes. Elle avait supporté son manteau qui pesait de plus en plus lourd, sa croix.

Les mains écorchées, les épaules douloureuses, les jambes brisées, le corps meurtri comme celui d'Olivier quand il rentrait d'expédition. Toutes ces blessures qu'elle pansait tendrement. La Lionne sanglante se signe. Regarde ses fils occupés à écoper l'eau sur le pont. Si Guillaume est bouleversé, il ne le montre pas. Olivier, trop silencieux, est encore pâle.

Après la tempête, elle l'avait retrouvé dans un coin du château. Tous les coffres étaient ouverts et renversés, les tonneaux avaient éclaté, de la nourriture, du linge et des ustensiles de cuisine flottaient dans un mélange d'eau et de vin. Olivier était là, recroquevillé, hagard, tremblant, vomissant au milieu de ce capharnaüm. Doucement, elle s'était assise à côté de lui, l'avait étreint jusqu'à sentir les battements de son cœur s'apaiser. Il avait pleuré. La main serrant la bulle contenant le nom de la Vierge, suspendue à son cou depuis sa naissance – elle n'avait pas remarqué qu'il l'avait conservée. Olivier avait raconté sa terreur. Sa honte d'être resté paralysé, caché, et de s'être conduit en lâche et non comme un chevalier. Il ne méritait pas son nom. Elle l'avait couvert de baisers. *Mon petit.* Le plus vaillant des lions connaît la peur. La plus valeureuse des lionnes aussi. Olivier apprendra à la dominer. C'est en elle qu'il puisera le courage de repousser la mort. Elle le sauvera.

L'un contre l'autre, ils étaient restés un temps qu'ils auraient aimé une éternité. Puis, la Lionne sanglante s'était accroupie devant son fils. Lui relevant la tête, elle avait ôté la bulle autour de son cou et lui avait fait promettre de ne jamais montrer sa peur. *Regarde-moi.* Ravalant ses larmes, Olivier avait juré. Elle lui avait rendu la bulle. *Mets-la dans ton aumônière.*

La troupe s'active sur le bateau pour réparer les dégâts de la tempête. Le cordage rompu à plusieurs endroits pendouille le long du mât, il est en berne. La voile déchirée et détachée de la vergue fait un sourire las. Le pont est jonché de débris de bois, chacun y cherche son crucifix, sa médaille de dévotion, son arme.

Le gabier crie du haut du mât. Il signale un navire sans pavillon qui remonte tranquillement le Blavet. L'homme à la barre est doué. Il est hardi de s'aventurer en terres montfortistes.

Où va-t-il ? À Pontivy, où Édouard III lui-même a détruit le château des Rohan en représailles de la mort de Robert d'Artois et où est installé maintenant le comte de Northampton ? À Faouët, camp d'une garnison anglaise depuis un an ? À Hennebont, la cité restée fidèle à Jeanne de Montfort malgré son départ pour l'Angleterre ?

Qui est-il ? Un marchand anglais venu ravitailler ses compatriotes ? Des pêcheurs hanséates ou bretons transportant du poisson ? Des Français cherchant la Lionne sanglante ?

Guillaume Bérard, Guyonnet de Fay, Geoffroy Denart, Macé Brideau, Pierre Brient, tous les hommes se sont regroupés à l'avant du bateau. Ils font de leur corps un bouclier pour la protéger, elle et ses fils. Tous observent le navire se diriger droit sur eux, inquiets : ils ne sont pas en état de se battre. Doivent-ils s'apprêter à fuir par la terre ?

Le navire n'est plus qu'à un jet de pierre. Il ne dévie pas. À leur hauteur, le capitaine sort du château arrière et s'approche du bord. La main sur le cœur, il s'incline devant la Lionne sanglante. Des Anglais.

Avis du royaume de France

Le 27 novembre 1343, le Parlement de Paris notifie que Jeanne de Belleville ne s'est pas présentée aux trois convocations exigées :

« La Cour a concédé défaut au procureur du roi contre Jeanne de Belleville, veuve d'Olivier de Clisson, Guillaume Bérard, écuyer, Guyonnet de Fay, ancien châtelain de La Garnache, et Geoffroy Denart, ancien châtelain du Gâvre qui avaient été ajournés au 26 novembre par Guiot Le Perdrieur, sergent du Châtelet de Paris sur le profit de trois défauts. »

Le Castillan ne se laisse pas impressionner facilement. Pourtant, l'adversaire qui lui fait face épée au poing le déroute. Est-ce parce qu'il a l'impression que son arme est la prolongation de son bras ou parce qu'il s'agit d'un enfant ?

Quand la petite silhouette frêle s'est jetée sur lui, il a pensé n'en faire qu'une bouchée. Maintenant, il se sent pataud. L'autre se déplace comme un lutin, évite les assauts comme s'il les devinait à l'avance. Quand il l'a touché à l'épaule, il n'a pas plus titubé que s'il avait été piqué par un moustique. Pourtant, il l'a blessé, il en est sûr. Pour preuve l'entaille cerclée de rouge sur sa cotte, à droite de la tête du lion de son blason.

Autour de lui, ses compagnons tombent les uns après les autres sous les coups d'une bande de forcenés. Ce ne sont pas des militaires, certains se battent comme s'ils fauchaient de l'herbe. Ils cognent sans s'arrêter. Même les morts, ils continuent à les cogner pour être sûrs qu'ils ne se relèveront pas. Ils ne veulent pas faire de prisonniers, ne cherchent pas à récupérer de rançon, ils sont là pour les saigner comme des lapins. Par quels suppôts de Satan ont-ils été attaqués ? Et cette femme qui se bat comme un homme et semble tout diriger !

Les Castillans ne voyaient qu'elle et deux enfants sur le pont, lorsque le bateau les a abordés. Elle parlait une langue qu'ils ne comprenaient pas. Le capitaine a dit qu'elle était française. Une Française, pas de quoi se méfier ! La France et la Castille sont dans le même camp. Et une femelle, toute seule avec ses garçons, perdue au large de la pointe du Raz ! Avec les Anglais qui tiennent la baie de l'île Tristan et les pirates qui rôdent, le capitaine l'a crue en détresse, il était prêt à les accueillir, à les ramener à terre.

Mais quand les deux coques se sont touchées, le gabier a vu les autres marins cachés derrière le château. Il a crié mais la folle et le plus grand des gamins avaient déjà sauté sur le pont. Elle a embroché le capitaine comme un quartier de viande et le garçon a fondu sur lui.

Les derniers râles de ses compatriotes se mêlent aux soupirs mélancoliques des vagues. Sur les ordres de la folle, ils ont eu les pieds coupés avant d'être jetés à la mer. Debout, en vie, il n'y a plus que lui. Le Castillan sait qu'il va mourir. Il répond aux estocades de l'enfant, sans conviction. Et l'autre garçon, plus jeune encore, resté sur le pont de leur bateau, qui l'encourage ! Et la femme qui s'est assise sur le plat-bord pour les regarder se battre. Et les hommes qui sont mis en cercle et crient autour de lui et l'enfant.

L'enfant charge. Le Castillan sent la lame s'enfoncer dans la chair de sa cuisse. Il saigne beaucoup. Mauvaise blessure. Ses jambes ne le portent plus, il s'agenouille. Pourvu qu'il l'achève. Il ne veut pas qu'on le balance à l'eau alors qu'il respire encore. Un prêtre l'a béni avant qu'il s'embarque, il a prié hier soir mais cela va-t-il suffire ?

L'enfant lève son épée. Quel âge peut-il avoir ? Dix, douze ans ? Comme son fils. Il y a tant de haine dans ses yeux.

Je ne suis pas aussi fort que mon père. Pas encore chevalier. La guerre ne m'en a pas laissé le temps.

Je m'améliore de bataille en bataille. Nos anciens châtelains de La Garnache, du Gâvre, de Belleville et de Châteaumur me font faire des exercices dès que nous sommes à terre. Et puis il y a ma mère.

Je sens bien qu'elle m'observe.

Elle veille à ce que je mange bien, que je ne boive pas trop de vin, que je ne traîne pas le soir avec les hommes d'équipage, que je porte bien mon gambison sous ma cotte et que mon épée soit nettoyée. Après chaque combat, elle ne manque jamais de me faire remarquer les fautes que j'ai pu commettre. Elle a raison : une toute petite erreur ou un instant d'inattention peuvent me coûter la vie. C'est quand tu baisses la garde que l'on te frappe, quand tu es désarmé que l'on te prend au collet. C'est une règle.

Elle me félicite aussi. Alors, même si je sais qu'aucun de mes chocs ne lui a échappé, je les lui raconte, encore et encore. Parfois, j'en rajoute, j'augmente le nombre de mes victimes. Ça la fait rire. J'aime quand elle rit. J'aime quand elle me regarde comme un homme. Elle me répète : « Un enfant essaye, un homme accomplit. » Alors j'accomplis du mieux que je peux. J'aime quand elle est fière de moi.

Le roi de France et ses valets ont assassiné mon père, ils ont humilié mon nom, ils ont sali ma bannière. C'est pour ça que je tue.

Je suis issu d'une longue lignée de preux chevaliers. Mes ancêtres se sont battus à Bouvines, à Arras, à Courtrai, ils ont combattu les infidèles en Orient. Du temps des Capétiens. Du temps où les rois de France n'étaient pas des imposteurs. Des criminels.

Je suis le seigneur de Clisson. Guillaume de Clisson, seigneur de Belleville, de La Garnache, de Châteaumur, du Gâvre, de Palluau, de Deffend, de Commequiers, de Beauvoir-sur-Mer, de Montaigu, de Champtoceaux, de Montfaucon, du Tuit, de Blain, de Pontchâteau, d'Yeu, de Bouin. Et bientôt le lion d'argent armé lampassé et couronné d'or flottera à nouveau sur la Bretagne et le Poitou.

Avis du royaume de France

Le 1er décembre 1343, un arrêt de la Cour prononce le bannissement du royaume de Jeanne de Belleville et la confiscation de tous ses biens au profit du domaine royal pour crime de lèse-majesté.

Hiver

Maudit temps ! La pluie tombe sans relâche, le vent, de plus en fort, ne cesse de souffler, les vagues font le dos rond et s'écrasent trop lourdement sur la coque, l'eau s'accumule, le bateau manque de chavirer à tout moment. Le froid engourdit les membres, empêche les vêtements de sécher, les hommes empesés se déplacent sur le pont comme des goélands aux ailes brisées.

Réfugiés dans la forteresse d'Hennebont, la Lionne sanglante et son équipage attendent de pouvoir reprendre la mer.

Le comte de Northampton en charge du château les a accueillis comme des parents proches selon les vœux d'Édouard III. Le roi est si furieux de l'exécution sommaire d'Olivier et des seigneurs d'Harcourt et de la mort de son fidèle Robert d'Artois que, selon la rumeur, il aurait aidé matériellement et financièrement la Lionne sanglante. Et avec la pagaille qu'elle a semée en Bretagne, elle est désormais des leurs.

Installés dans le logis seigneurial où son amie Jeanne de Flandre vivait il y a encore quelques mois, la Lionne sanglante et ses fils essayent de renouer avec une vie sans fuite ni peur. Elle vient de voir ses biens confisqués par le roi et elle-même bannie du royaume de France. Quelle farce ! Poitevine, bretonne, la Lionne sanglante n'a jamais été française.

Les hommes s'enivrent et jouent aux dés avec la garnison anglaise, goûtent un repos bien mérité. Guillaume participe aux exercices, s'entraîne au combat avec ces militaires dont les techniques et la stratégie ont plus d'une fois mis en déroute l'armée française. Olivier les regarde avec ferveur.

Chacun s'occupe comme si la guerre n'avait pas lieu. Les jours d'Olivier et Guillaume sont ceux que Philippe VI leur a volés.

Sans bruit, la Lionne sanglante dépose un baiser sur la tête d'Olivier, il se retourne dans un soupir, ouvre les yeux et les referme aussitôt en souriant. Dans sa chambre, Guillaume dort profondément. S'asseyant au bord de son lit, elle caresse doucement ses cheveux. *Guillaume ! Guillaume !* Il se redresse dans un sursaut, pose la main sur son épée posée à côté de lui sur la couverture. *C'est moi. Je pars pour quelques jours. Veille sur ton frère jusqu'à mon retour. Veille sur nos hommes. S'ils m'attrapent, si je ne reviens pas, ce sera à toi de continuer. Tu pourras compter sur Guillaume Bérard, nos anciens châtelains et sur le comte de Northampton. Pour ce qu'il me plaist, Guillaume !*

La lune flottait sur les nuages lorsque la Lionne sanglante quitta Hennebont.

Empruntant les chemins peu fréquentés, traversant les bois, bravant la pluie et le vent, emmitouflée dans son manteau noir fourré, la tête masquée par sa capuche, s'arrêtant à peine pour dormir chez des alliés, elle galopa sans répit durant cinq jours.

La ferme se trouve sur les bords de la Vie, à la lisière de la forêt. Cachée derrière un buisson de ronces, sa silhouette se mêlant à l'obscurité du bois, la Lionne sanglante fixe au loin la forteresse de Belleville où le blason à fleur de lys a remplacé celui des Clisson. Elle serre le pommeau de son épée.

Les cloches de Sainte-Anne sonnent prime. Deux paysans, une hotte sur le dos, s'approchent de la ferme dont viennent de sortir un homme âgé s'appuyant sur un bâton et un plus jeune tenant une faucille. Devant la porte, une femme les regarde s'éloigner en berçant un bébé emmailloté. Quatre enfants vêtus d'un manteau en drap de laine et la tête couverte d'un bonnet s'échappent de la maison et cavalent derrière les paysans en les appelant.

Une petite fille, plus petite que les autres, tape du pied, s'énerve de ne pas aller plus vite. Elle s'arrête au milieu de la cour et croise les bras. Les joues rougies par le froid et la colère, elle crie. La femme rigole sur le pas de la porte, le vieux paysan se retourne. La petite fille se précipite dans ses bras.

Jeanne ! Ma toute petite ! La Lionne sanglante regarde sa fille réclamer un dernier baiser au vieux paysan avant de repartir en sautillant vers la nourrice qui pose affectueusement une main sur elle.

Jeanne est heureuse chez eux. Cette femme s'occupe d'elle depuis sa naissance. Après la mort d'Olivier, quand la Lionne sanglante a commencé sa guerre contre le roi de France, elle et son mari, un ancien cuisinier de Clisson, ont emmené Jeanne vivre avec eux dans leur famille. Une famille au service des seigneurs de Belleville depuis plusieurs générations. *Jeanne est en sécurité.*

Le ciel s'assombrit. Depuis le début de la guerre, il a la couleur de l'orage, on ne sait s'il est encombré de nuages ou de fumées venant de villages brûlés par des troupes de mercenaires, dévastés par des brigands. La nourrice rappelle les enfants jouant dans la cour, Jeanne l'imite en les menaçant de l'index. La Lionne sanglante étouffe ses sanglots dans un rire.

Les enfants se dirigent vers la maison en protestant. La nourrice fait rentrer Jeanne, jette un œil alentour et referme la porte. *À bientôt, ma toute petite.*

Guillaume se retient de courir en voyant sa mère arriver à Hennebont. Olivier se précipite vers elle, lui, marche derrière, plus vite qu'il ne le souhaiterait. Des dizaines de questions lui brûlent les lèvres, des centaines de mots se bousculent pour lui dire son soulagement qu'elle soit revenue. Des milliers de reproches, aussi. *As-tu fait bon voyage, mère ? Ici, tout s'est bien passé pendant ton absence*.

Guillaume Bérard l'aide à descendre de cheval et lui prend son épée. Le comte de Northampton vient à sa rencontre. Il a fait préparer un repas et ajouter des bûches dans la cheminée de sa chambre. La Lionne sanglante prend ses fils par les épaules et les entraîne à l'intérieur du château.

Sur la route à travers bois entre Hennebont et Kemenet-Héboé, dans une taverne près de la chapelle de Notre-Dame-de-la-Force, deux paysans partagent une cervoise.

« C'est bien que la femme et les drôles aient la santé. Et la terre ?

— Avec Jean, quatre jours avant la Saint-Denis, on est venus aider tes fils à travailler le champ pour préparer les semailles d'hiver. Après on est allés voir la truie qui avait mis bas cinq petits. De bons et beaux porcelets ! J'ai dit à ta femme qu'ils devront bientôt être menés à la glandée… Hier, on est partis ramasser du bois en forêt avec Raoul et Hoël. Ils revenaient de chez Argan, qui est à la guerre lui aussi. Annaïg a la fièvre. D'après le curé, elle n'en a plus pour longtemps. Elle sera morte avant qu'Argan revienne… Je ne suis plus bien jeune mais je vais faire la route pour voir si je peux aider. Il ne reste plus beaucoup d'hommes. Il faut que ceux encore là prêtent leurs bras. »

Un homme, vêtu d'une cape de serge dont l'ouverture laisse entrevoir une épée, vient d'entrer dans la taverne. Les deux paysans se taisent jusqu'à ce qu'il s'assoie à une table derrière eux.

« T'as fait beaucoup de chemin pour venir jusque-là mais je peux pas rester. Même si on est en pays montfortiste, les Français sont partout. La Lionne dit que l'on doit se méfier de tout le monde. En ce moment, on est installés à Hennebont. Mais je ne sais pas pour combien de temps : la Lionne veut repartir. Les seigneurs et les Anglais essaient de l'en empêcher à cause de l'hiver qui s'annonce en avance, la nuit qui tombe vite et noire, le vent qui tourne sans cesse, l'air qui refroidit, le grain… Foutu grain blanc. Pas de nuages, un ciel clair : rien pour le prévoir. Il éclate d'un coup. La pluie tombe raide. Comme si là-haut une armée d'arbalétriers nous tirait dessus. Plein de compagnons sont déjà morts. Et je mourrai moi aussi s'il le faut. Avec la Lionne, on se battra jusqu'au dernier. On aura tous les traîtres à la Bretagne. »

Le paysan pose un sac sur la table.

« Là-dedans, il y a une aumônière pleine d'écus, des étoffes, des bijoux et des objets précieux qu'on a pris aux Français. Tu les donneras à ma femme. Elle pourra les revendre. La Lionne nous laisse les butins des bateaux que l'on coule. Elle ne veut rien pour elle et ses fils. C'est une belle dame, la Lionne. »

Ils n'auraient pas dû reprendre la mer. Plutôt rester quelques jours à Hennebont. Le comte de Northampton l'avait prévenue que l'armée française avait doublé l'effectif des troupes et des flottes à sa recherche. Les espions d'Édouard III étaient bien renseignés. Guillaume Bérard, Guyonnet de Fay, Geoffroy Denart, Macé Brideau, tous avaient essayé de la persuader. Elle n'avait rien voulu entendre, elle n'en pouvait plus d'attendre à ne rien faire. Dès que la pluie s'était calmée, elle avait donné l'ordre d'embarquer.

Remontez l'ancre ! Déployez la voile ! La Lionne sanglante hurle. S'ils ne se mettent pas en route immédiatement, ils vont se faire rattraper. Trois nefs françaises viennent d'apparaître, émergeant d'une cavité des falaises de la pointe Saint-Mathieu. Elles avancent droit sur eux. *Les rames ! Sortez les rames !*

Quelqu'un a dû vendre leur position. Depuis que Philippe VI a demandé au pape d'intervenir auprès d'Édouard III, la traque s'est intensifiée. Le Valois resserre l'étau.

Le bateau prend de l'allure. Trop lentement ! Que Guillaume Bérard mette Olivier en sûreté dans le château ! Les Français se rapprochent. Elle pourrait presque voir le sourire mauvais des militaires du premier bâtiment. Ils vont trop vite. Elle ne peut pas être prise. Pas comme ça. Pas maintenant.

Virez de bord !

Les hommes cessent de ramer. Guyonnet de Fay et Macé Brideau ne comprennent pas. Si le bateau change d'amure, il se livre à l'ennemi.

Virez de bord !

Ils vont attaquer. Vont lutter pour leur pays, pour une Bretagne libérée de l'imposteur Charles de Blois et de la domination française. Veulent-ils finir comme des lâches ? Les nefs françaises sont plus rapides, ils seront rattrapés, c'est inévitable. S'ils sont faits prisonniers, ils ne seront pas jugés mais exécutés. Ils ne sauraient mourir sans avoir combattu.

Le vaisseau amiral français est à l'arrêt. À bâbord et à tribord, les deux autres bâtiments continuent d'avancer. Ils les encerclent. Guillaume Bérard veut qu'elle saute avec les enfants dans une chaloupe pour rejoindre la côte pendant qu'ils chargent. A-t-on déjà vu un Clisson choisir de battre en retraite ?

Les Français lancent les grappins d'abordage. La Lionne sanglante tire son épée du fourreau et s'élance sur les hommes qui grimpent sur le bateau. Elle n'est plus que rage et colère. Guillaume, à ses côtés, fait face à deux militaires aguerris. Il a beau esquiver et se défendre avec courage, il est débordé. Macé Brideau le rejoint pour l'aider.

Le capitaine des Français est resté sur son vaisseau, il contemple le spectacle. Un de ses officiers a désarmé la Lionne sanglante.

Guillaume Bérard surprend l'assaillant par-derrière, lui fauche les jambes. Il saisit la Lionne sanglante par les épaules, l'emmène de force à l'arrière du bateau. Olivier se trouve déjà dans le canot. Macé Brideau arrive avec Guillaume. C'est perdu. Les Français sont trop nombreux, trop armés. Il faut qu'elle parte. Continuer la guerre plus loin. Le nom des Clisson ne doit pas disparaître au milieu de l'océan. Imagine-t-elle si Philippe VI parvient à l'attraper ? Elle serait exécutée. Que deviendraient Guillaume et Olivier ? Rien ne ferait plus plaisir au roi de France que d'humilier une fois encore les Clisson. Emprisonnés, torturés, ils serviraient d'exemples aux Bretons qui contestent son autorité. Son mari serait-il mort pour rien ?

Au moins, il ne pleut plus. Le jour étire lentement ses gros bras brumeux. Le ciel et la terre comme deux vieux amants s'étreignent une dernière fois avant de se déchirer pour ne pas troubler les croyances des hommes. Le premier matin du monde devait ressembler à ça.

Olivier dort encore. Il dort de plus en plus. Elle surveille la petite poitrine qui se soulève et imagine le cœur têtu de son fils, puisant dans ses dernières forces.

La terre se rapproche pour mieux s'éloigner. L'éternel murmure des vagues et la douce pulsation de l'eau l'engourdissent. Elle ne sait plus le nombre de jours passés dans cette barque poussée tantôt vers le rivage, tantôt vers le large. Elle ne compte plus les appels lancés après des lumières apparaissant dans la nuit dont elle ne reçoit en réponse que l'écho de sa voix ricochant d'étoile en étoile. Ni les ombres salvatrices qui s'évaporent dès qu'on les approche.

Elle resserre les bras autour de Guillaume, couché contre son sein. Il a cessé de bouger, d'entendre, de parler, de sentir, de toucher, de sourire, de geindre. Guillaume est mort.

Combien de fois, penchée sur son berceau, avait-elle prié saint Christophe pour que sa respiration ne s'arrête pas subitement ? Combien d'*Ave Maria* avait-elle récités en attendant que le médecin vérifie s'il ne souffrait pas d'un excès ou d'une déficience d'humeur ? Tous ces simples qu'elle avait fait préparer par l'apothicaire pour faire passer la fièvre. Le beurre qu'elle obligeait la nourrice à lui donner dès qu'il toussait. Les onguents composés de poudre d'ardoise, de sabot de cheval, d'huîtres calcinées et de graisse de porc pour pommader son ventre douloureux. La suie qu'on appliquait sur ses engelures. Les amulettes, reliques et pierres aux vertus miraculeuses pendues à son cou pour le protéger des dangers de la vie.

Elle avait craint qu'il se cogne contre un meuble lorsqu'il s'essayait à la marche dans son trotteur, qu'il se brûle en s'approchant trop près d'une cheminée. Qu'il tombe de cheval, qu'il se blesse au cours d'une quintaine ou d'une chasse lorsqu'il accompagnait son père.

Il avait échappé à la variole, à l'ergotisme, à la grippe, aux mauvais coups et à la guerre. Il ne méritait pas de mourir comme ça. De soif, de faim, de froid.

Ces derniers mois, il s'était battu comme un homme, avait vaincu chaque adversaire. *Je suis si fière de toi, Guillaume.*

La tête de son enfant posée sur sa poitrine, elle se penche, frotte sa joue contre la sienne. Enlace ses doigts dans les siens, les embrasse. *Dieu, vous, qui avez tant aimé le monde que vous lui avez donné votre fils, aidez-moi. Moi, qui l'ai tant détesté, ce monde.*

La colère était en elle comme un animal féroce qui ne cessait de la ronger, l'empêchait de se reposer et l'obligeait à agir jour et nuit. Aveuglée par sa vengeance, elle s'était arrangée avec la réalité. S'en était extraite. Le temps, l'espace, les gens autour d'elle n'existaient plus. Son combat était son monde. Un monde où la vie et la mort se confondaient. Personne ne vivait vraiment, personne ne mourait complètement. Il y avait tant de visages face à elle. Ils se ressemblaient tous. Ils n'étaient qu'un seul et même corps, tombant puis se redressant pour revenir plus tard, plus loin, se mettre en travers de son chemin. Elle le tuait, il se relevait, encore et encore. L'invitant dans une ronde infernale. Ce jeu avait été inventé par le Diable. Elle s'était débarrassée de toutes les règles au point d'être prisonnière de la liberté.

Elle avait oublié que Guillaume avait à peine plus de dix ans. Qu'il n'était qu'un enfant.

Guillaume, me pardonneras-tu ? Pas d'enterrement, de dernière maison pour te reposer. Comme ton père... Olivier, aide-moi ! Mon ami, donne-moi la force de livrer notre fils à la mer, promets-moi que tu veilleras sur lui.

Délicatement, pour ne pas faire chavirer la barque, elle soulève le corps de Guillaume. Aussi tendrement que lorsque, petit, voulant rassurer son frère, il s'endormait à côté de lui et qu'elle le portait jusqu'à son lit. Elle dépose un baiser sur son front, et, fermant les yeux, le fait glisser par-dessus la bordée.

Dans l'errance, son âme rejoindra celle de son père. Deux esprits viendront désormais troubler les nuits de Philippe VI.

La barque tangue lorsqu'elle rampe pour prendre son dernier fils dans ses bras. S'abandonnant à l'épuisement, elle s'endort. Incertaine que le poids de Guillaume en moins palliera celui de son cœur.

Des voix s'élèvent dans le brouillard. Des lumières dansent. Elle distingue des silhouettes, une masse brune et fripée. Des hommes ! Les falaises !

Les Français ? *Mon petit !* Étreignant un peu plus Olivier, ses baisers sont fiévreux. *Colle-toi à moi !*

Ne bouge pas ! Peut-être ne nous verront-ils pas. Et s'ils nous rattrapent, n'oublie jamais qui tu es !

Les voix se rapprochent. *Me vel er vag aze... Unan-benag a zo var arvag ?... Piou a zo e vont aze ?* Ce sont des Bretons !

Angleterre

1344-1349

« Nous, qui provenons du Diable,
reviendrons au Diable. »

RICHARD Ier d'ANGLETERRE, dit CŒUR de LION (1157-1199)

24

Sur le blason des Clisson le lion se tient de profil, debout sur ses deux pattes arrière, toutes griffes dehors, la queue en l'air tournée vers l'intérieur. La gueule ouverte, il feule. La langue sortie telle une flamme pointée vers le ciel qui semble vouloir s'élancer à la conquête du monde. Rien à voir avec le gros chat alangui se léchant les poils qu'Olivier a devant lui.

Dès que tu dois te rendre à la Tour de Londres pour rencontrer Édouard III et ton beau-frère, Amaury, Olivier tient à t'accompagner. *Mère, s'il te plaît !* Et pendant que tu montes l'escalier en pierre conduisant dans la Tour blanche, lui, court jusqu'à la Tour des Lions où se trouve la ménagerie pour y voir les léopards, les ours, les singes et surtout les lions.

Chaque fois, il s'interroge. Cette bête nonchalante est-elle vraiment rusée au point d'effacer ses traces d'un coup de queue pour échapper aux chasseurs, comme le disent les bestiaires ? Le roi du règne animal du *Liber Floridus* de Lambert de Saint-Omer a la crinière pauvre et le pelage lépreux. Est-ce là le cousin du lion de Némée qu'Hercule étouffa à mains nues ? Celui à la peau impossible à percer dans laquelle il se fit tailler un vêtement ? Le soir, Olivier s'enferme dans sa chambre pour relire *Yvain ou le Chevalier au lion* en se demandant comment le valeureux chevalier de la Table ronde a réussi à vaincre le géant Harpin de la Montagne et les deux démons du château maudit flanqué d'un compagnon aussi pâteux.

Depuis que vous êtes en Angleterre, la vie est paisible. À la Cour, on parle la langue d'oïl. Vous y avez retrouvé de nombreux compatriotes, la reine Philippa est entourée de gens de son Hainaut natal. Il y a aussi beaucoup d'exilés que tu connais bien : ton cousin Geoffroy d'Harcourt, le seigneur de Lohéac et le jeune Jean de Montfort. Il a trois ans de moins qu'Olivier et est élevé par une gouvernante à la Tour de Londres. Son père est consigné à Paris et sa mère internée au château de Tickhill sous la garde d'un connétable qui subvient et contrôle ses besoins et ses dépenses. Édouard III dit ton amie malade. Démente.

Ne veut-il pas plutôt dire ingérable ? Elle dont le coup d'éclat à Hennebont a fait dire aux chroniqueurs qu'elle avait « un cœur d'homme et de lion » aurait-elle refusé de laisser le roi d'Angleterre planifier à sa guise l'avenir de la Bretagne ? A-t-elle voulu s'immiscer dans les discussions ? Pire : s'est-elle opposée à lui ? Les léopards ne supportent pas que des puces viennent ternir leur pelage ou affaiblir leur course au pouvoir. Henri II enferma sa femme Aliénor d'Aquitaine quand elle tenta d'asseoir leur fils Richard Ier sur le trône à sa place. Édouard III, lui, pour ceindre la couronne, fit emprisonner sa mère après avoir fait tuer son amant.

Jeanne de Montfort embarrasse. Son éviction des affaires politiques est une nécessité. Édouard III n'a pas oublié qu'à la mort du duc de Bretagne son mari avait attendu plus de quarante jours avant de répondre à l'offre de soutien anglaise. Jean de Montfort s'était d'abord entretenu avec le roi de France. De ce double jeu il n'avait récolté que la méfiance des deux souverains.

Débarrassé du mari et désormais de la femme, le fils Jean sous surveillance, le roi d'Angleterre peut régner tranquille sur la Bretagne et s'emparer du trésor ducal.

Toi et ta famille êtes libres. Ton beau-frère, Amaury, ambassadeur auprès d'Édouard III, est très écouté à la Cour. Il est de toutes les réunions, les négociations et les projets d'expéditions qui concernent le territoire breton. En tant que tuteur du jeune Jean de Montfort, il est, depuis mars 1342, chargé de préparer un futur mariage entre l'héritier du duché et une des filles du roi.

De votre sauvetage par des partisans montfortistes au large des côtes de Morlaix aux retrouvailles avec ta fille jusqu'à votre installation à Londres, il a tout organisé. Et la fortune personnelle non négligeable qu'il possède et met à votre disposition vous permet de vivre luxueusement.

L'Angleterre vous offre un cocon semblable à celui dont vous avez été chassés par les chagrins. Et même si c'est pour le meubler d'autres chagrins puisque la perte de tes enfants et de ton mari est une plaie qui ne se refermera jamais, puisque la guerre n'est pas finie et puisque les terres et l'honneur des Clisson restent à reconquérir, au moins êtes-vous ici en sécurité. L'Angleterre est un présent nimbé du passé où tu attends l'avenir en sérénité.

Ses côtes jouant à cache-cache avec le brouillard te rappellent la Bretagne. Les tours de Westminster, de Kenilworth, de Leeds ou de Berkeley semblent faire corps avec l'épaisse grisaille matinale, comme à Clisson, La Garnache et Palluau. Tu regardes les nuages s'éparpiller et le soleil apparaître de temps à autre au cours de la journée. Les chemins boueux, rongés par la pluie et les tempêtes, secouent délicieusement tes galops. Tu te recueilles comme à Montaigu et Sallertaine dans un des prieurés de l'ordre de Fontevraud fondés par la reine Aliénor : à Amesbury, que l'arrogante cathédrale de Salisbury observe du haut des cent vingt-trois mètres de sa flèche et dont les mères abbesses furent pour la plupart des Bretonnes ; à Grovebury, où les roches empourprées font rougir le paysage comme celui de la baie de Morlaix ; au monastère de Westwood, voisin des pierres de Stonehenge, qui ressemblent tant aux Demoiselles de Langon près de Blain. Dans les forêts cernant les palais de Woodstock, de Nottingham, de Sherwood et de Tideswell, les arbres bruissent d'histoires de chasse pareilles à celles qu'Olivier te racontait en revenant des garennes de Clisson, des bois de Saint-Hilaire, d'Aigrefeuille et de la Roche-Sebien. Aux pieds des murailles sombres du château de Launceston, tu te laisses bercer par la langue de Cornouailles. *Onan Hag Oll !*, clament les Gallois, *Unan Hag Holl !*, répondent les Bretons. *Un et tous*. La Manche n'est pas une frontière, c'est une voie entre deux rives empruntée par des hommes en quête de femmes, des brigands cherchant fortune et des pèlerins colportant leurs saints. L'Armorique est la fille de la Grande-Bretagne. Tu n'es pas en exil mais en visite dans ta famille.

À la Cour, tu es la bienvenue. Édouard III considère l'exécution de ton mari comme une atteinte à sa propre personne. La vendetta contre Philippe VI que tu as entreprise lui plaît. Plus encore la superficie et la position stratégique de tes terres qui, une fois réunifiées, seront un atout de taille dans sa conquête de la France. Il a demandé à son fidèle compagnon, Henri de Lancastre, de te protéger ainsi que tes « enfants et leurs biens et de les défendre envers et contre toute attaque physique ou morale ». Il est ainsi naturel qu'Olivier, au titre de futur seigneur de Clisson, commence son apprentissage de chevalier auprès de la garde rapprochée du roi. Son parrain sera le comte de Lancastre.

Vous goûtez aux fastes de la cour d'Édouard III, haut lieu de festivités, de joutes, d'amusements et de démonstrations de la puissance royale. À toi les cottes et surcots de soie et de velours bordés d'hermine, de vair et de zibeline, les ceintures basses sur les hanches ferrées d'or et d'argent, les joyaux agrafés aux chapels et chaperons de tes vêtements ! Des tenues noires, bien sûr : à peine t'autorises-tu des cols, des corselets et manches de couleur. Tu n'as jamais été une veuve aussi respectée et considérée qu'aujourd'hui. À toi les poulaines et leurs bouts pointus, aussi longs que le bec de la cigogne. Oiseau migrateur et dévoué à son nid, comme toi. Tu as rangé ta paire de braies et ta cotte de lin masculine, tu surveilles méticuleusement les gestes de ta chambrière lorsqu'elle te coiffe, t'aide à t'habiller, te maquiller et te dépiler. À quarante-quatre ans, tu n'es plus une jouvencelle et tu arpentes le « désert d'amour » depuis bien longtemps. La vieillesse est là. Les douleurs du passé et l'incertitude de l'avenir se sont inscrites sur ton visage. Les recommandations de la vieille du *Roman de la Rose* pour masquer les imperfections, les recettes d'Aldebrandin de Sienne dans *Le Régime du corps* et les considérations de Trotula de Salerne dans l'*Ornement des dames* t'aident à retrouver un semblant de jeunesse.

Tu serres une pièce de toile autour de ta poitrine pour qu'elle ne tombe pas. Tu dissimules des mains épaisses et parcheminées sous des gants, des chevilles lourdes sous des chausses. Tu teins tes cheveux et leur redonnes du volume avec des postiches. Matin et soir, tu les laves avec un mélange de pétales de roses, de feuilles de myrte et de plantain et d'écorces de glands, pour en ralentir la chute. Une fois par semaine, pour qu'ils repoussent, tu les enduis d'un emplâtre d'orge, de poudre de taupe calcinée et de miel blanc que tu laisses poser pendant deux jours avant de les rincer avec une décoction d'orcanète, de menthe et de sauge. Tu atténues tes rides par une fumigation de fleurs de violettes et de mauves bouillies dans du vin. Tu t'éclaircis le teint avec des racines de serpentaire et de pied-de-veau broyées. Tu te blanchis les dents avec une pâte à base de farine d'orge, de poudre d'alun, de sel et de miel. Tu te soignes, tu t'apprêtes pour répondre aux nombreuses invitations que tu reçois.

Les apparitions publiques d'Édouard III et de Philippa sont des fêtes grandioses. L'occasion de montrer une bête sauvage, d'entendre des troubadours jouer la chanson favorite du roi, *Les Bons Païens*, ou une nouvelle ballade écrite à la gloire du royaume. Chaque fois le couple inaugure une tenue plus éblouissante que la précédente. Brocarts venus d'Extrême-Orient, fourrures et plumes d'animaux exotiques, perles et pierres précieuses, le roi se veut aussi éblouissant que les rayons du soleil transperçant les gros nuages de son emblème personnel qu'il fait broder sur ses vêtements, accompagné de maximes telles que « C'est tel que c'est », « Fort comme le chèvrefeuille ».

Tous les mois sont organisés dans les environs de Londres des tournois rassemblant nobles, chevaliers et seigneurs, femmes et hommes qui, costumés en créatures mythologiques, êtres surnaturels ou bêtes féroces, en gens du peuple et membres de l'Église, jouent les grands épisodes historiques et légendaires de l'Angleterre, parodient des scènes de la vie quotidienne. Édouard III lui-même n'aime rien tant que prendre part aux reconstitutions de batailles, aux joutes, déguisé en combattant ordinaire ou arborant le blason de sire Lionel, le chevalier le moins héroïque de la Table ronde.

Quel merveilleux spectacle pour ton fils qui a tant rêvé d'exploits chevaleresques, d'histoires de créatures maléfiques terrassées à mains nues et de trésors arrachés aux barbares. Il foule la terre de ses héros. Car selon la chronique de Geoffroy de Monmouth, l'*Historia regum Britanniae*, répandue dans tout l'Occident chrétien depuis le XIIe siècle, les Plantagenêts sont les fils d'Arthur Pendragon. Le résistant à l'envahisseur germanique, le fédérateur d'un empire comprenant l'Angleterre, l'Irlande, l'Islande, la Norvège, le Danemark et la Gaule, le demi-dieu des romans de Robert Wace, de Chrétien de Troyes et de Marie de France qui ont enflammé les Anglais et les Bretons. Le grand roi Arthur, dont les restes ont été retrouvés et enterrés lors d'une grande cérémonie à Glastonbury par Édouard Ier, le grand-père d'Édouard III.

Et lorsque Olivier, écuyer à la Cour, sert aux banquets où les grands du royaume racontent leurs exploits, il est à Camelot.

Ton fils est heureux. Il veut tout apprendre, tout connaître. Chaleureux, plaisant, enjoué, il se lie facilement avec les fils de familles en apprentissage avec lui. Courageux et bagarreur comme son père, rusé et opiniâtre comme toi, il séduit les hommes, jusqu'au roi lui-même. Ses cheveux blonds, son visage aux traits délicats et son corps d'athlète en devenir charment les femmes qui ne peuvent s'empêcher de voir dans ses yeux les stigmates d'une enfance injustement malheureuse. Thomas Walsingham écrit dans

Historia Anglicana : « La vive intelligence et la mâle beauté d'Olivier plaisent à la cour. » Il a les honneurs des chroniqueurs, il entre dans l'histoire à son tour.

Pourtant, ta colère n'a d'équivalent que ta déception. À peine quelques mois après ton arrivée en Angleterre, à l'automne 1344, Amaury, ton beau-frère, se rallie à Philippe VI. Comment peut-il vous abandonner ? Il n'est pas le seul. En Bretagne, ton gendre, Jean de Rieux, condamné et banni pour haute trahison, se range, lui aussi, du côté français. Ensemble, vous aviez pourtant connu la double peine de la mort d'Olivier et de celle d'Isabeau, sa femme et ta fille, survenues à quelques mois d'écart. Jean et Amaury ont renié leurs engagements et leur famille.

Amaury a ses raisons : il ne croit plus à une Bretagne dirigée par les Montfort.

Jeanne de Montfort est enfermée dans un château, le fils dont Amaury est le tuteur est éduqué par les gens d'Édouard III et le mari, libéré depuis le 1er septembre 1343, ne montre pas le désir irrépressible de reprendre les rênes du parti montfortiste. Il obéit même aux ordres de Philippe VI lui interdisant de retourner à Nantes. Charles de Blois a repris Quimper et a fait prisonnier l'administrateur de la Bretagne anglaise et l'un des principaux auxiliaires de Jean de Montfort. Dans le duché, c'est le chaos. Les bandes anglaises et bretonnes rançonnent, pillent et massacrent les villageois qui sont livrés à eux-mêmes. Édouard III a bien essayé de dépêcher des lieutenants pour maintenir l'ordre mais, sans argent ni consignes, ils n'ont aucune autorité. Le peuple breton déteste désormais les Anglais. Amaury a-t-il essayé de te convaincre de le suivre ?

Toi, tu ne peux pas pardonner. Philippe VI, à qui appartiennent désormais la totalité des terres de Belleville et de Clisson ainsi que leurs revenus, les distribue à ses amis et affidés en prenant soin de les disperser pour éviter qu'un seul et même homme se trouve à la tête d'un territoire aussi vaste et stratégique.

Le premier à en bénéficier a été Louis de Poitiers, comte de Valentinois. Dès janvier, il a reçu une « rente perpétuelle à asseoir sur les biens que possédait en Bretagne Olivier de Clisson, exécuté pour trahison, exception faite du château de Clisson que le roi retient, et don supplémentaire du château de Blain, le tout à tenir en hommage du duc de Bretagne ». Pour la suite, le trésor est tel que Philippe VI a nommé le 4 février un sénéchal pour s'occuper de tes biens, en attendant de réfléchir à qui en faire profiter. Les caisses de l'État étant vides, ton patrimoine est une aubaine pour gratifier ses fidèles.

En juin, un conseiller du roi a été récompensé de « cinq cents livres tournois de rente perpétuelle à asseoir sur les terres de Goulaine et de l'Épine » pour services rendus à la France. En août, un évêque a été le bénéficiaire de « vingt-cinq livres tournois de rente perpétuelle assignée sur Guéméné au diocèse de Nantes » et le chevalier Malips de la Ville Fournier du manoir de « Plesseir assis en la paroisse de Geme avecque certaines terres arables, prez, vignes, bois et autres rentes appartenant au dit manoir… puent bien valoir environ vint livres tournois de rente par ans ». Et à la fin de l'année, c'est à son chambellan que le roi a accordé les énormes revenus des propriétés normandes du Tuit, des mines de fer de Beaumont, de la forêt de Cinglais et de la foire de Saint-Laurent-de-Condel.

Cela ne peut pas continuer. L'empire Clisson-Belleville revient à tes enfants. Chacun mérite ce qui lui est dû.

25

Le 25 mars 1345, Jean de Montfort rejoint enfin l'Angleterre. Déguisé en marchand, il a réussi à tromper la surveillance de ses gardiens.

Il arrive à point nommé : Édouard III, insatisfait de la situation anglaise en France, se prépare à une nouvelle invasion en Aquitaine, en Normandie et en Bretagne où la présence du prétendant dans les rangs de l'armée ne peut être qu'un atout.

Le roi te convie de plus en plus à des assemblées et événements officiels dès qu'il est question de la France et de la Bretagne. Et, le 20 mai, tu te rends au château de Lambeth, la résidence de l'archevêque de Canterbury, où sont réunis le conseil de la Couronne, le chancelier, le trésorier, les chevaliers et nobles du royaume, ainsi que Jean de Montfort.

Édouard III, sa longue barbe « d'un brun auburn » soignée pointant sur une cotte brodée étincelante, siège, tel un sage biblique, au centre de la grande salle. Le greffier de la Chancellerie est prêt à noter. La cérémonie peut commencer.

L'archevêque appelle Jean de Montfort et l'invite à faire hommage à son suzerain « sans protestation ni aucune retenue ». Le prétendant au duché de Bretagne ne manifeste « ni protestation ni aucune retenue », se lève et s'avance jusqu'à Édouard III. Un genou à terre, il met ses deux mains dans celles du roi : « *Mon seigneur, jeo vous reconoisse droiturel roi de France et a vous comme à mon seigneur lige et droiturel roi de France, face mon homage pur la dite duche de Bretaigne, quil jeo clayme tenir de vous mon seigneur et devein vostre home lige de vie et de membre, et de terrien honure, a vitre et morir, contre toutes gentz.* »

Édouard III s'incline et reçoit le baiser de Jean de Montfort. L'hommage lige est rendu. Jean de Montfort est le vassal de l'Angleterre. Sa Bretagne aussi.

Le 15 juin, le roi proclame officiellement au peuple qu'il rompt la trêve de Malestroit « contraint par la nécessité, pour la défense de notre royaume anglais et la récupération de nos droits légitimes ». Et, dans le même temps, écrit au pape Clément VI pour justifier sa décision par les agressions incessantes de Philippe VI à l'encontre de l'Angleterre dont l'exécution de ton mari fait partie.

Il veut frapper simultanément en Aquitaine, dans le nord de la France, en Bretagne et à Jersey.

Le plan d'Édouard III commence en fanfare : la campagne en Aquitaine dirigée par Henri de Lancastre est un succès. Débarqué à Bordeaux début août avec cinq cents hommes d'armes, mille archers et cinq cents fantassins, il s'empare de Bergerac et Périgueux. Puis, rejoint par des troupes de Gascons et du sénéchal d'Aquitaine, il prend par surprise une garnison française à Auberoche le 21 octobre. Louis de Poitiers y est tué tandis qu'un comte, sept vicomtes, trois barons, douze bannerets, un neveu du pape et deux sénéchaux sont faits prisonniers. Le butin de la rançon est énorme. Lancastre ne s'arrête pas là. Il poursuit son avancée vers la Garonne jusqu'à La Réole, qui résiste vaillamment pendant deux mois et finit par capituler en janvier 1346.

Un triomphe qu'Édouard III ne peut savourer très longtemps : les autres expéditions tournent au désastre.

Une partie des Flamands qui devaient venir lui prêter main-forte en Normandie s'est finalement alliée à Philippe VI. Édouard III a bien tenté de rétablir la situation en sa faveur mais une tempête, dispersant sa flotte, l'a obligé à annuler l'opération. À Guernesey, la garnison anglaise tombe à l'îlot fortifié de Château-Cornet. En Bretagne Jean de Montfort, parti en juin avec le comte de Northampton, est repoussé jusqu'à Hennebont où il meurt le 26 septembre. Au moins aura-t-il rendu son dernier souffle dans la cité témoin de l'héroïsme de sa femme. Les troupes amoindries du comte de Northampton parviennent de justesse à prendre La Roche-Derrien. La victoire est mince.

Avant de mourir, le 12 septembre, Jean de Montfort t'a donné les châtellenies de Pontcallec, de Guéméné et de Lignol, des fiefs en Broërec, dans le pays de Vannes, et en Kemenet-Héboé, la région d'Hennebont. Certains de ces biens appartenaient au conseiller de Philippe VI qui avait reçu en cadeau les rentes de tes terres de Goulaine et de l'Épine. Ce n'est que justice. Mais Jean de Montfort n'étant que le vassal d'Édouard III, tu ne peux pas encore en prendre possession : cette donation doit être ratifiée par le roi. Qui a d'autres priorités.

Édouard III ne compte pas rester sur ce qu'il considère comme une défaite. Il a dans l'idée de retraverser la Manche avec une armée dépassant en nombre toutes les expéditions précédentes. Il passe l'hiver 1345-1346 à préparer son coup d'éclat. Une vaste campagne de propagande est lancée sur la menace d'une invasion française imminente pour dévaster le pays, obliger les Anglais à parler la langue d'oïl et inciter les Écossais à conquérir le royaume. Le pape aussi est soupçonné, sous l'influence des cardinaux français qui l'entourent, de renflouer l'effort de guerre de ces derniers avec les deniers du clergé anglais. À juste titre : il a autorisé Philippe VI à prélever un dixième du revenu du clergé français et lui a prêté cinquante mille livres tournois.

La population s'affole, s'indigne et approuve le recrutement de masse. L'arsenal est transféré à la Tour de Londres pour être recensé et réparé, de nouvelles armes sont fabriquées. Des centaines de bateaux marchands sont réquisitionnés pour le transport de la viande, des légumes, des céréales et du fourrage. Chaque propriétaire terrien est tenu d'envoyer un nombre d'hommes proportionnel à ses revenus, un nouvel impôt frappe tous les foyers, les villes et le clergé sont sommés de prêter de l'argent. Des espions sont envoyés en France pour répandre de fausses rumeurs sur les lieux et dates de l'invasion. Le projet d'Édouard III est colossal. Le départ de l'expédition prévu pour le 1er février est repoussé au 1er mars puis au 15 mai. En juin le roi, toujours à Portchester, attend que les navires soient affrétés.

Le 12 juillet 1346, sept cent cinquante nefs déversent quinze mille hommes à Saint-Vaast-la-Hougue sur les côtes du Cotentin. Des aristocrates, des grands bourgeois, des archers professionnels et des hommes d'armes, mais aussi des cadets désargentés, des mineurs indomptables, des sapeurs mal équipés, des domestiques peu expérimentés, des villageois revanchards, des criminels graciés enrôlés de force ou volontaires. Malgré l'ordre royal motivé par « le destin malheureux… de son peuple de France » leur demandant de ne pas s'en prendre aux populations locales, cette horde disparate déployée sur vingt-cinq kilomètres de large se déchaîne sur les églises, fermes et villages au cri de « Par saint Georges ! ».

Ils ne rencontrent aucun obstacle. La population locale s'est enfuie et Philippe VI, avisé par ses espions sur l'intention des Anglais de se rendre dans le sud de la Vendée, y a dépêché des troupes. Pendant ce temps, Édouard III s'empare de Caen le 26 juillet, puis remonte la Seine. Philippe VI, dans la précipitation, fait détruire les ponts. Le 12 août, les Anglais ne sont plus qu'à trente kilomètres de la capitale et les Parisiens voient au loin des colonnes de fumée s'élevant de Saint-Germain-en-Laye et de Saint-Cloud.

Terrorisés, ils sortent dans les rues, montent des barricades à l'entrée des faubourgs, clouent des planches sur les portes et les fenêtres des maisons, se soupçonnent les uns les autres de servir l'ennemi, s'organisent pour lui résister. Philippe VI est obligé de nommer une cinquantaine d'hommes pour rétablir la paix.

Le 16 août, les Anglais reconstruisent les ponts et s'apprêtent à traverser la Seine. Philippe VI, désemparé, propose une bataille rangée à six kilomètres du cœur de la cité, entre les faubourgs Saint-Germain et Vaugirard. Édouard III accepte. Mais, lorsque les Français arrivent au lieu du rendez-vous, les ponts ont été démolis et il n'y a plus personne. Les Anglais sont partis rejoindre des renforts en Flandre. Il ne reste qu'un messager porteur d'une lettre pour Philippe VI dans laquelle Édouard III lui donne une leçon de stratégie militaire.

Humilié une fois de plus, le roi de France appelle au rassemblement de toutes les troupes dispersées sur le territoire et se lance à la poursuite des Anglais.

Le 26 août, dix mille Anglais et vingt mille Français se font face entre les villages de Crécy et de Wadicourt.

À cinq heures du soir, un orage éclate, couvrant presque les tambours et trompettes signalant le début du combat. Les arbalétriers français lancent les premières salves de carreaux. Trop loin, ils ne touchent personne. Et tombent les uns après les autres sous les flèches de grande portée des archers anglais. Les survivants se replient. La chevalerie française, énervée par la débandade des arbalétriers et des hommes à pied, qu'elle prend pour de la lâcheté, charge sans attendre les ordres du roi et piétine ceux qui fuient pour se protéger des flèches. Les chevaux, décontenancés par cette meute courant en sens inverse ou agonisant sous leurs sabots et la pluie de traits blancs s'abattant sur eux, se cabrent et refusent d'avancer.

Édouard III ordonne un nouvel assaut et fait tirer les « ribaudeaux ». Pour la première fois de l'Histoire, le canon tonne sur un champ de bataille. Les boulets de métal atterrissent sans grande précision mais font de nombreuses victimes et surtout troublent et affolent montures, cavaliers et piétaille.

Olivier est encore trop jeune pour participer au triomphe de l'armée anglaise, mais il en est informé par les bulletins de victoire quotidiens annoncés à la messe et les processions d'actions de grâces à la gloire du roi et des courageux guerriers, qui défilent dans les rues de Londres. Il suit, avide, l'épopée du fils d'Édouard III, qui, malgré ses seize ans, s'est non seulement battu vaillamment mais aussi conduit en chef de guerre aguerri. De la Cité aux bourgs de Southwark, du Northumberland au Cornwall, la population raconte comment le prince de Galles, désarçonné au milieu de la mêlée et inquiet pour ses troupes en mauvaise posture, a envoyé demander de l'aide à son père. « Mon fils est-il mort ou à terre ? », s'est enquis le roi avant d'ordonner au messager, une fois rassuré : « Alors, retournez devers lui et devers eux qui vous ont envoyé ici, et dites-leur qu'ils ne m'envoient plus chercher pour aventure qui leur advienne tant que mon fils soit en vie… et qu'ils laissent gagner à l'enfant ses éperons. »

Comme tu dois te réjouir de la lettre d'Édouard III au Parlement annonçant à son peuple : « Toute l'armée de France a déposé les armes. » Tu écoutes la liste des 1542 victimes françaises de ce 26 août. Une mélopée composée des noms du duc d'Alençon, le frère du roi, de Louis de Blois, son neveu et frère de Charles de Blois, du comte de Flandre, Louis de

Nevers, et du roi de Bohême, Jean de Luxembourg. Et tu ris, mon Dieu que tu ris, en imaginant ton ennemi Philippe VI, coincé par deux chevaux morts, se démenant comme un ver pour s'en extirper avant de s'enfuir tel un gueux en abandonnant l'étendard fleurdelysé.

L'Angleterre applaudit son roi qui, honorable chevalier, fait donner une sépulture décente aux vaincus tombés sur le champ de bataille. Le peuple est en liesse. Ses privations et souffrances n'auront pas été vaines. Et beaucoup veulent participer au triomphe et s'enrichir grâce au butin des pillages qu'Édouard III condamne mollement. Ils savent combien les rançons des prisonniers rapportent à ceux qui les capturent, ils ont vu les caisses regorgeant de trésors volés aux églises et châteaux revenant de France. À l'exception des femmes, des vieillards, des infirmes et des enfants, chacun cherche à s'enrôler, la file d'attente devant les bureaux de recrutement s'allonge de jour en jour.

Tu crois à nouveau en un avenir rayonnant. La guerre travaille pour toi et laisse à Jeanne et Olivier le temps de grandir. Ta fille, qui a environ quatre ans, apprend à lire, à écrire, à compter : elle commence une éducation la préparant à son futur rôle d'épouse comblée et complémentaire d'un héritier de grande famille. Pourquoi pas anglaise ?

Ton fils, dix ans, septième seigneur de Clisson, se forme à l'art de la guerre avec l'armée qui vient de se révéler comme la plus puissante d'Europe.

Son parrain, le comte de Lancastre, enchaîne les exploits en Aquitaine et en Gascogne. Parti du sud de la Vendée le 12 septembre, pillant, massacrant et violant, il remonte vers Bordeaux. Personne ne lui résiste et certains prélats conseillent même à leurs paroissiens de ne pas lutter.

En Bretagne, le 20 juin 1347, le lieutenant anglais Thomas Dagworth et trois cents hommes et deux cents archers ont mis en déroute Charles de Blois et son armée à La Roche-Derrien. Le prétendant au duché a été capturé. Cette nouvelle aurait pu te combler de joie mais ton fils aîné, Geoffroy, y est mort. Il se battait du côté français. Contre toi. Pourquoi lui en vouloir ? Par leurs fiefs en Anjou, les Châteaubriant sont les vassaux directs des rois de France depuis les Capétiens. Cette guerre te mutile. Philippe VI et Charles de Blois sont les fossoyeurs de ta famille. Que Charles de Blois croupisse dans la prison de la Tour de Londres !

Depuis septembre, Édouard III et son fils sont installés aux portes de Calais. Ils ont construit un véritable village avec une cuisine et du personnel pouvant servir des plats raffinés, des tentes pour la réparation et l'entretien de l'artillerie, des armures, des chevaux, des harnachements… et des pavillons luxueux et confortables afin de recevoir la reine Philippa et sa cour lorsqu'elle rend visite à son époux et à son fils.

Les habitants, ravitaillés par mer, résistent : le siège s'éternise. En mars, pendant que Philippe VI en quête de crédibilité auprès du peuple et de l'aristocratie va chercher une nouvelle oriflamme à Saint-Denis, Édouard III lève des fonds pour équiper une centaine de nouveaux bateaux afin de bloquer les ports aux alentours de Calais. À partir du mois d'avril, Calais ne reçoit plus ni nourriture, ni armes, ni renforts. Le 23 juillet, Philippe VI arrive enfin pour porter secours à la cité. Il est trop tard. Édouard III a rassemblé autour de lui ses meilleurs lieutenants. Vingt mille archers, cinq mille trois cents hommes d'armes, six mille six cents fantassins et vingt mille Flamands ont été mobilisés. Ils sont approvisionnés quotidiennement par sept cents bateaux avec quinze mille hommes à leurs bords. À Calais, les habitants à court de vivres, affamés, ont mangé les animaux domestiques. Ils mâchent des bouts de cuir.

Philippe VI, sentant qu'il va encore perdre la bataille, tente de négocier le retrait des troupes anglaises contre l'Aquitaine. Édouard III refuse. La région a quasiment été reprise par Henri de Lancastre !

Philippe VI en appelle alors à l'esprit chevaleresque d'Édouard III en proposant une bataille rangée, sur un lieu choisi par quatre chevaliers anglais et quatre français. Édouard III ne campe pas devant Calais depuis septembre 1347, c'est-à-dire depuis onze mois, et il n'a pas mobilisé près de soixante mille hommes pour que cela se termine en tournoi. Le 1er août, l'armée française se retire. Le 2, Calais accepte les exigences d'Édouard III : la prise de tous les biens et la vie sauve pour les habitants à l'exception de six bourgeois. Le lendemain, lors d'une grande cérémonie, les suppliciés, en chemise, une corde autour du cou, apportent les clefs de la ville au souverain anglais. Alors que le bourreau s'apprête à les décapiter, la reine Philippa implore leur grâce auprès de son mari. Qui ne peut rien lui refuser et laisse les bourgeois rentrer chez eux. Une scène digne du roman favori d'Édouard III *Les Vœux du Paon*, qui relate la vie des Neuf Preux dont la soumission de Vercingétorix par Jules César.

Cette aventure ravit l'Angleterre. Édouard III est le souverain tel que l'avait souhaité, à sa naissance, le chroniqueur anonyme de la *Vita Edwardi Secundi* :

« Longue vie, donc, au jeune Édouard,
et qu'il incarne à son tour les vertus qui ont fait
la grandeur de chacun de ses ancêtres… »

Édouard III est l'incarnation de la grandeur Plantagenêt.

L'Europe entière le félicite, des offres d'alliance et de demandes de mariage pour ses enfants affluent d'Espagne et d'Allemagne. Le roi s'amuse.

Philippe VI a perdu. Dépité, persuadé que l'invasion anglaise est terminée pour l'instant, il renvoie son contingent. Il se trompe une fois de plus. Édouard III, fort de ses victoires et de la mobilisation de son armée, n'en a pas fini. Il profite de la débâcle française pour conquérir ce qu'il reste du royaume et lance des offensives sur l'Artois et autour de Calais. Effrayé, Philippe VI se hâte de rappeler ses forces mais la chevalerie ne répond plus.

Au mois de septembre, le pape envoie des cardinaux auprès des deux rois pour engager des pourparlers et négocier un arrêt des combats jusqu'au 7 juillet 1348. Grande réunion à Westminster. Édouard III convoque le Parlement, les capitaines de guerre, les alliés de Flandre, du Hainaut, du Brabant et de Bretagne dont « la Dame de Clicon », pour discuter de la proposition. Il est prévu que chaque partie garde les terres qu'elle a conquises et que la Flandre conserve son indépendance vis-à-vis du roi de France. Parmi les pairs, certains encouragent la poursuite de la guerre afin que l'Angleterre reprenne enfin ses droits sur la couronne de France. Édouard III, conscient de la situation financière affaiblie du royaume et de l'épuisement de l'armée, s'y oppose. Fin septembre, la trêve de Calais est signée.

26

Lors du bal de Noël, tu es resplendissante dans ton déguisement. Ton costume est celui d'un lapin, d'un faisan, d'un dragon ou d'un cygne, selon les consignes notifiées sur les invitations. Sous la mousseline de soie de ta guimpe, retenue par un circlet d'or, tes nattes s'enroulent comme une couronne. Tes yeux captent les éclats scintillants des pierres suivant le contour de ton masque qui capte la lumière des chandeliers. Dans la salle où Édouard III et les chevaliers du royaume, grands vainqueurs de l'année 1347, paradent en cotte verte ornée de plumes de paon, ton fils apporte fièrement les plats et les boissons dans une tenue aux armes de l'Angleterre.

Édouard III déborde d'imagination. On ne sait jamais dans quelle nouvelle tenue il ouvrira les festivités. Un jour travesti en oiseau, un autre en créature mythologique, il défile, goguenard, avec son équipe, lors d'un tournoi, revêtu des couleurs de la couronne de France. Pour la joute de Lichfield, il combat comme un simple chevalier sous la bannière de l'un de ses plus vieux compagnons.

Les réceptions succèdent aux cérémonies, les cérémonies aux commémorations d'épisodes victorieux ancestraux et récents. Une liste de tournois courant de février à septembre a été programmée aux alentours de Londres et dans le reste du royaume.

Le pays tout entier résonne des refrains de ballades, rondeaux et virelais, du carillon des hanaps trinquant au prince de Galles, au roi, aux Plantagenêts, à l'Angleterre. Tandis qu'un fléau plus meurtrier que la guerre, un adversaire contre lequel aucune arme ne peut rien, sévit de l'autre côté de la Manche depuis la fin de l'année 1347.

Galopant à travers l'Europe occidentale à raison de quatre kilomètres par jour, transmissible par l'air et les puces, la mort noire, arrivée à Marseille par des bateaux génois au printemps 1348, remonte les vallées du Rhône et de la Garonne, atteint Paris en août et gagne l'Angleterre à l'automne.

Bien vite, partout, des cadavres gisent dans les rues, gonflés d'abcès et maculés de taches noires – « les marques de Dieu ». Dans les villes et les campagnes, le glas répond aux pleurs qui répondent aux crises de toux violentes suivies de crachats sanguinolents. Incinération des vêtements et objets des malades – pas des corps, c'est interdit par la religion –, saignées, incisions des bubons, emplâtres d'organes d'oiseaux, compresses de pavot, immersion dans de l'eau chaude, repas à base de viandes rôties et d'ail, expulsion et exécution des Juifs accusés d'avoir empoisonné les puits ; on essaye de trouver des remèdes, des causes, des coupables. Le constat est sans équivoque : « Le conseil des savants médecins ne sert à rien et n'est d'aucune aide à ceux que frappe ce mal terrible, cruel et pernicieux. » On ne peut que fuir ou se cloîtrer dans les maisons car cette « fureur divine » qui tue en une semaine et n'épargne personne est incontrôlable. Les villages et cités se vident d'un tiers de leurs habitants. Édouard III perd sa fille cadette et son plus jeune fils ; Philippe VI, sa femme, la reine Jeanne de Bourgogne. On ne pense plus à se battre, la trêve de Calais est prolongée.

À l'hiver 1348, la peste tempère ses ravages. Aussitôt, Édouard III, en manque de divertissements et de combats, planifie une série de tournois dans tout le royaume. Lui tient plus particulièrement à cœur celui de Windsor le 23 avril 1349, jour de la Saint-Georges.

Vingt-cinq hommes parmi les meilleurs militaires de la guerre sont invités à montrer leur bravoure devant un parterre de dames de la noblesse. Le prince de Galles, les comtes de Lancastre, de Warwick, de Salisbury, de Devon, ainsi que des compagnons d'armes d'Édouard III, chacun à la tête d'une équipe, se défieront jusqu'à la victoire de l'un d'eux. Pour pimenter le jeu, le comte de Salisbury et son régisseur, Thomas Holland, ne concourront pas dans la même escouade mais pour la même femme, Jeanne de Kent, la cousine du roi, à qui ils sont mariés l'un et l'autre. Le comte de Salisbury la veille de la bataille de Crécy en 1346, et Thomas Holland en 1348. L'affaire est entre les mains du pape mais en attendant son verdict, les deux prétendants s'opposeront dans les lices sous les yeux de la jeune femme.

Olivier assiste avec ardeur le comte de Lancastre s'apprêtant à entrer dans les lices. Le petit Breton débarqué en Angleterre à moitié mort de faim et de soif a disparu. Son visage hâve et pâle est devenu plein et harmonieux, son corps chétif et chancelant est devenu solide et vigoureux, ce qui était dur est devenu vif. Il déborde d'énergie comme si les vies de son frère et de son père s'étaient réfugiées en lui. Cheveux blonds, front haut et profil droit, il ressemble tant à ton Olivier. Et s'il entend le récit des batailles victorieuses anglaises, ses rêves le portent toujours vers les combats perdus des épées familiales et ce qu'il leur doit. Chaque battement de son cœur l'éloigne un peu plus des saisons de l'enfance et de toi. Le sentiment d'exil germe en toi.

Les messages que tu reçois de Bretagne sont calamiteux. La peste, si elle a perdu de sa virulence, continue de sévir et ceux qui lui survivent meurent de faim ou sont victimes de brigands. Des bandes de militaires oisifs depuis la trêve attaquent les villages, assassinent les habitants, brûlent les maisons et s'affrontent entre elles sans vergogne pour quelques sacs de grains. Le pays est en proie au chaos et Édouard III, en grande tenue d'apparat dans la tribune royale au côté de la reine, ne se préoccupe que de ce qui se déroule dans les lices de Windsor. Il veut que ce moment soit historique car à l'issue du tournoi il créera solennellement l'ordre de la Jarretière. Une Table ronde édouardienne rassemblant l'élite de la chevalerie anglaise dont il caresse le projet depuis un bal de 1342.

Ce soir-là, l'une de ses maîtresses avait perdu sa jarretière entre deux pas de branle. Le roi avait volé aussitôt au secours de la belle, sujette aux quolibets des courtisans, ramassé le cordon de dentelle qu'il avait glissé à son genou en disant : « Messieurs, honni soit qui mal y pense. Ceux qui rient maintenant seront très honorés d'en porter une semblable, car ce ruban sera mis en tel honneur que les railleurs eux-mêmes le chercheront avec empressement. » Cette histoire enchante l'Angleterre qui y voit une nouvelle preuve de la grandeur d'âme de leur roi, toi tu n'y décèles que vanité.

La liesse de la noblesse replète et pomponnée assise dans les tribunes nourrit ton amertume. Parmi l'assistance, il y a Charles de Blois et les prisonniers capturés en France et en Écosse. Édouard III les convie à chaque réjouissance. Il les habille somptueusement, les exhibe comme une collection de pièces d'orfèvrerie sur un dressoir.

Les humiliations subies par le royaume de France ne te déplaisent pas mais Édouard III, bien qu'il t'ait accueillie et offert sa protection, s'est révélé, depuis cinq ans que tu le côtoies, aussi matois que Philippe VI.

Il vient de t'accorder des rentes des brefs de mer bretons, « permis » achetés à La Rochelle et à Bordeaux par les bateaux de commerce naviguant entre la Guyenne et l'Angleterre leur assurant la possession de leur épave et de leur cargaison en cas d'échouage. Un revenu très confortable… lorsque tu pourras en bénéficier. Parce que, comme les terres que tu as reçues de Jean de Montfort avant sa mort, il y a déjà quatre ans, ces dons n'ont pas été ratifiés. Édouard III craint-il qu'une fois tes propriétés retrouvées, tu cherches à reprendre ton indépendance et entraves sa mainmise sur la Bretagne ? Beaucoup de Bretons l'ont trahi. Et en premier ton beau-frère, Amaury. Qu'est-ce qui lui prouve que tu n'iras pas, à ton tour, te jeter dans les bras de Philippe VI ? Il a besoin d'un gage de fidélité. Il s'appelle Walter Bentley.

Lieutenant dans l'armée anglaise, le roi l'a félicité pour sa bravoure quelques mois auparavant. Peut-être l'as-tu déjà fréquenté ? À Hennebont, par exemple, où il était en garnison avec le comte de Northampton. C'est un aventurier. Il te ressemble.

Son passé est obscur, il n'a pas d'arbre généalogique prestigieux, ni aucune richesse. Sa place au sein du cercle privé royal, il l'a gagnée à la pointe de l'épée. C'est un homme du peuple, peu habitué aux intrigues politiques et de la Cour, que toi tu maîtrises si bien. Un homme pauvre à qui tu apportes la promesse d'un patrimoine n'aura de cesse de courir après ses espoirs.

Tu l'épouses au printemps 1349. Le roi confirme votre union le 20 juin et, dans la foulée, te restitue les propriétés du territoire de Belleville confisquées en 1343 et reconquises par l'armée anglaise en 1347 : Beauvoir-sur-Mer, La Barre, Châteauneuf, la terre de l'Ampant, les îles de Bouin, de Chauvet, la moitié de celle de Noirmoutier. Tu rentres en possession de ton héritage paternel et de sa ressource principale : le sel.

Tu rentres chez toi.

Bretagne

1349-1359

« Non, je ne puis trouver rien de plus doux à voir que cette terre. »

HOMÈRE, *L'Odyssée*, Chant IX (VIIIe siècle av. J.-C.)

27

Combien de fois, Jeanne, as-tu imaginé le retour sur tes terres ? Clisson et ses environs, entre les mains de Philippe VI depuis 1344 et n'ayant pas été reconquis par les Anglais, sont le pays que tu n'arpentes que dans tes rêves. Et ne sachant pas le lieu où tu pourras déposer ton passé pour repiquer ton avenir, tu as passé en revue les parcelles du territoire de Belleville dans le Poitou dont tu disposes à nouveau. Les paupières closes, tu t'es immiscée dans les pièces des forteresses, t'es aventurée dans les forêts et sur les collines, tu as galopé le long des berges des rivières, aussi émerveillée que si tu avais feuilleté un livre enluminé.

La visite aux salines entre juin et septembre où tu écoutes les sauniers et vérifies la récolte.

L'attente de la marée basse à Beauvoir-sur-Mer pour rejoindre l'île de Noirmoutier par le passage du

Gois – tu sens presque les gouttes d'eau de la mer soulevées par le vent piquer tes joues.

L'éclat mordoré des grains de raisin qui donnent aux ceps l'allure d'un régiment de petites dames embijoutées.

Les moulins tendant leurs grands bras comme s'ils voulaient griffer le ciel.

Et ce trouble, teinté de joie et d'inquiétude, lorsque tu songes à Guyonnet de Fay, Guillaume Bérard, Macé Brideau, Geoffroy Denart, qui t'avaient soutenue sans relâche, et aux autres, les petits seigneurs, les paysans, les prêtres, les artisans… La guerre et la peste ne les ont-elles pas emportés ? Ont-elles dévasté les cités, les champs et les bois comme tu le redoutes ? Il faudra sans doute reconstruire et rebâtir mais tu es prête à t'y atteler, à y consacrer ce qu'il te reste de souffle pour retrouver, aussi infimes soient-ils, des fragments de ton bonheur d'antan.

Mais à peine revenue, il te faut à nouveau combattre pour reconquérir ce qui t'appartient.

Tes terres sont gouvernées sur place par Raoul de Cahours, capitaine et lieutenant dans le pays de Retz et le Poitou, nommé par Édouard III. Un Français, montfortiste au début de la guerre, puis blésiste après l'arrestation de Jean de Montfort, qui s'est rallié aux Anglais après la bataille de Crécy. Une girouette cynique pour qui la guerre n'est qu'un moyen de s'enrichir et qui n'a pas l'intention de te céder un patrimoine aussi lucratif même si tu l'as reçu des mains du roi en personne.

Un conflit s'engage, s'envenime en guérilla privée. Édouard III vous somme de cesser et désigne un médiateur chargé d'écouter et d'analyser les doléances de chacun. Tu es bien plus précieuse pour le roi qu'un mercenaire. Tu obtiens gain de cause.

Raoul de Cahours se tourne alors vers Philippe VI, au début de l'année 1350. Il lui propose de lui livrer tes terres à condition qu'il en garde la jouissance.

Le pays que tu retrouves est bien pire que ce que tu as pu envisager. Les terres semblables à des champs en friche sont parsemées de maisons en ruine. La peste continue sa cavalcade meurtrière, des bandes de brigands anglais, gascons et français pillent les villages, volent le peuple, attaquent les convois de marchandises, ravagent les monastères et les paroisses. Chacun tient son propre territoire par la terreur. Personne ne sait où se trouvent les limites entre la France et l'Angleterre.

La trêve de Calais n'est respectée ni d'un côté ni de l'autre. Édouard III a relancé l'offensive dans le Poitou et la vallée de la Dordogne. Philippe VI tente de reconquérir la Charente et le Bas-Poitou. La proposition de Cahours au roi de France tombe à pic. D'autant que le plus proche voisin du fief de Belleville est celui du seigneur de Rais, aux mains des Français. Malgré tout, Philippe VI tarde à répondre favorablement à un homme aussi versatile. Pour lui prouver sa bonne foi, Cahours tend un piège et tue le lieutenant anglais en charge de la Bretagne, Thomas Dagworth. Cousin d'Édouard III, chef des armées montfortistes, artisan de la capture de Charles de Blois, Dagworth avait osé un an auparavant attaquer Cahours sur l'accroissement fulgurant de sa fortune grâce à la mise à sac de la population. La disparition de Dagworth exauce les désirs de revanche de Cahours lui-même, de Jeanne de Penthièvre, l'épouse de Charles de Blois, et satisfait Jean le Bon, nouveau roi de France depuis la mort de son père, Philippe VI, le 22 août 1350. Pour ce coup politique et personnel de maître, Cahours est amnistié de ses actes de rébellion envers la France, obtient les terres de Belleville en échange de son allégeance et reçoit les félicitations du pape Clément VI.

Décider de te remarier et choisir Walter Bentley a été très judicieux. À la mort de Thomas Dagworth, Édouard III l'a nommé lieutenant du duché de Bretagne et du Poitou le 8 septembre 1350. Qui mieux que lui pouvait défendre tes intérêts ?

En mars 1351, il parvient à repousser les Français en bordure de la baie de Bourgneuf. Malgré cela, les troupes de Jean le Bon reprennent très vite la Vendée et Cahours rétablit sa domination. Son succès est de courte durée. Il est fait prisonnier lors d'un raid pirate sur l'île de Noirmoutier. Personne ne se manifeste pour payer sa rançon. Il meurt en captivité, oublié de tous.

Anglais et Français se reprennent mutuellement les territoires et se succèdent à tour de rôle dans la même région. Chaque fois, les rois s'empressent d'offrir des biens pour rembourser et récompenser leurs partisans. Mais une victoire de l'armée adverse et la propriété change de propriétaire. Il n'est pas rare que plusieurs personnes revendiquent la même terre. Les alliances et fidélités passent d'un camp à l'autre. Chefs de guerre, seigneurs et villageois se tournent vers Édouard III ou Jean le Bon selon les avantages financiers ou leur besoin de protection. Les bandits sévissent mais les gens craignent encore plus les militaires désœuvrés.

Ton mari observe l'hostilité grandissante des Bretons vis-à-vis des Anglais. Les garnisons en poste rançonnent les villes, tyrannisent les habitants et considèrent châteaux et forteresses pris à l'ennemi comme étant les leurs. Les capitaines, quand ils ne se livrent pas eux-mêmes à des exactions, voire ne prennent pas le commandement de bandes de pillards, n'ont aucune autorité sur leurs hommes. Et une fois une région exsangue, ils passent à une autre.

D'innombrables révoltes et conflits éclatent et empoisonnent les relations déjà délétères entre des Bretons favorables aux Français, mais vivant en territoire anglais, et l'Angleterre. Vannes, Bécherel, Ploërmel et Hennebont sont sur le point de passer à l'ennemi. Walter s'en alarme et, en 1352, rédige un mémorandum qu'il apporte à Westminster.

Selon lui, tant que les militaires ne seront pas mieux payés et même simplement payés pour la majorité d'entre eux, ils se serviront sur les populations qui iront chercher secours du côté français. Il relève également la difficulté pour un capitaine ou un lieutenant de maintenir l'autorité et de rassembler au nom d'une cause nationale des hommes qui ne reçoivent rien en échange.

Édouard III, conscient de la situation, étudie attentivement le rapport de Walter. Il lui étend ses pouvoirs de surveillance et de restructuration de l'armée stationnée en Bretagne. Walter est autorisé à se débarrasser des capitaines et hommes qu'il considère comme improductifs ou nuisibles et à rémunérer convenablement ceux qu'il garde. Il est aussi prévu que ceux ayant pris des châteaux et forteresses pourront conserver les biens meubles mais que les bâtiments passeront sous le contrôle d'un capitaine nommé par Walter et indemnisé par la Couronne. Chaque militaire doit être mobilisable à tout moment, avec interdiction de quitter la Bretagne sans son autorisation. Enfin, Édouard III somme ses sujets présents en Bretagne de se soumettre à Walter Bentley et de lui obéir comme au roi lui-même sous peine de mort ou de perte d'un membre.

Ton mari a l'oreille d'Édouard III. En Bretagne, il est tout-puissant. Enfin, tu retrouves ton rang et ton statut. Ton fils, resté en Angleterre pour parfaire son éducation, pourra bientôt rentrer en seigneur dans son pays natal.

Fort de l'adoubement d'Édouard III, en juillet 1352, Walter revient en Bretagne et débarque avec huit cents hommes.

Le 14 août, il inflige aux Français une défaite cuisante à Mauron. La technique anglaise des hommes d'armes encadrés d'archers porte encore ses fruits. Cent soixante prisonniers partent rejoindre Charles de Blois à la Tour de Londres. Et le commandant Guy de Nesle, le vicomte de Rohan et quarante-neuf chevaliers meurent sur le champ de bataille. Membres de l'ordre de l'Étoile, la nouvelle confrérie fondée par Jean le Bon en novembre 1351 en réponse à l'ordre de la Jarretière et pour remotiver l'aristocratie, ils ont juré devant Dieu et le roi de ne jamais tourner le dos à l'ennemi ni de reculer de plus de quatre pas. Le respect des règles a entraîné la France dans un nouveau naufrage.

Un de trop pour la femme de Charles de Blois, Jeanne de Penthièvre. Désespérant que le roi de France ne parvienne à délivrer son mari, elle propose un marché à Édouard III. Deux de ses enfants seront envoyés en captivité à la Tour de Londres à la place de leur père et la rançon sera allégée de cent mille écus. L'Angleterre abandonne la cause de Montfort et reconnaît Charles de Blois comme duc de Bretagne et, après lui, son fils et toute la postérité à venir, issue d'un mariage contracté avec la dernière fille d'Édouard III, normalement promise à Jean de Montfort. Le roi s'engage aussi à restituer certains châteaux et domaines actuellement aux mains des Anglais.

La peste a à peine terminé ses ravages que la Boiteuse de Penthièvre prend le relais ! Lui livrer tes biens si durement reconquis ! Que son poltron de mari soit couronné duc de Bretagne, puis son fils, puis le fils de son fils !

Si l'accord est signé, tu ne récupéreras jamais les terres de Pontcallec et du pays de Vannes, les paroisses de Bubry et de Quistinic et la région d'Hennebont données par Jean de Montfort et dont tu attends toujours la ratification d'Édouard III. Qui sait si tu ne vas pas perdre tes rentes sur les brefs de mer ainsi que tes propriétés du Poitou ?

Hors de question de te laisser dépouiller encore une fois ! Walter ne s'est pas battu pour la reconquête de la Bretagne et n'en a pas refondé son administration pour rien. Vous refusez de rendre le moindre château.

Le 20 juin 1353, Walter est convoqué par Édouard III. Il reçoit un sauf-conduit lui permettant de se rendre en Angleterre et de retourner en Bretagne, mais seulement un an plus tard. Et comme dix ans plus tôt, presque jour pour jour, tu regardes partir ton mari en sachant qu'il ne reviendra pas avant des mois. Voire jamais.

Arrivé sur le sol anglais, Walter est emprisonné pour désobéissance et forfaitures financières dans l'administration de la Bretagne. L'accusation n'est pas très claire. Eh, Jeanne, ton mari aurait-il dénoncé et renvoyé les profiteurs qui vampirisaient la Bretagne pour prendre leur place ? Olivier, à l'époque de sa toute-puissance, n'était pas le dernier à jouer de son influence auprès du duc et du roi pour s'approprier une terre ou une rente. À moins qu'on n'ait considéré que vous gêniez les propres manœuvres d'Édouard III ?

Le pape Clément VI, mort le 6 décembre 1352, a été remplacé par Innocent VI. Français comme son prédécesseur, il semble pourtant faire preuve d'impartialité et tente une nouvelle négociation de paix entre la France et l'Angleterre. Il demande au cardinal Guy de Boulogne de mener la conférence qui aura lieu à Guînes.

Édouard III se méfie de ce nouveau pape, petit-neveu de Louis IX et demi-frère de la première femme de Jean le Bon de France, Bonne de Luxembourg. Un peu trop français ! Pourtant, curieux et désireux de se montrer conciliant, le roi envoie en mars 1353 les évêques de Canterbury et de Norwich, le gardien du sceau privé et le comte de Lancastre. Jean le Bon, de son côté, missionne son chancelier, les évêques de Laon et de Beauvais, le connétable Charles d'Espagne et son chambellan.

Mais alors que les délibérations sont en cours, chacun essaye de s'emparer des territoires de l'autre pour renforcer sa position dans la transaction. Jean d'Armagnac, lieutenant français en Gascogne, assiège Saint-Antonin, fief anglais depuis 1351. Édouard III riposte et attaque Surgères par surprise. Les négociations sont repoussées mais le cardinal Guy de Boulogne impose une trêve. Jean le Bon passe outre et convoque le ban et l'arrière-ban de l'armée française. Édouard III s'en plaint au pape, ce qui ne l'empêche pas de reprendre les combats.

Ni la France ni l'Angleterre ne montrent un réel désir de paix. D'autant qu'un nouveau participant, Charles de Navarre dit le Mauvais, s'est invité dans le duel.

Petit-fils de Louis X et donc descendant direct de Philippe le Bel, il ne cesse de réclamer le trône dont Philippe VI l'avait évincé en 1328. Jean le Bon, qui pensait avoir calmé ses revendications en lui donnant sa fille en mariage, a commis la maladresse d'offrir au connétable Charles d'Espagne le comté d'Angoulême lui revenant. En représailles, le 8 janvier 1354, Charles le Mauvais a organisé l'assassinat du connétable et a demandé la protection du comte de Lancastre. Édouard III se dit prêt à nouer une alliance avec lui.

Le pape intervient le 3 février 1354 et demande la cessation des combats.

Jeanne de Penthièvre et Charles de Blois et désormais Charles le Mauvais scellent un accord avec Édouard III. Jean le Bon est pris au piège.

Le 4 mars 1354, il pardonne officiellement le meurtre de Charles d'Espagne et promet à Charles le Mauvais la Normandie étendue jusqu'au Cotentin. L'accord est signé et le rapprochement avec l'Angleterre enterré. Des proches de Charles le Mauvais entrent au conseil royal et, sous leur l'influence, les discussions de paix entreprises à Guînes redémarrent.

Les deux parties semblent cette fois-ci enclines à s'entendre. Une trêve jusqu'au 1er avril 1355 est signée et un traité de paix définitive est évoqué. Dans cette dernière éventualité, Édouard III recevrait en toute souveraineté l'Aquitaine, le Maine, le Poitou, l'Anjou et le Limousin, il garderait Calais et renoncerait au trône de France. Jean le Bon est d'accord. Une délégation anglaise part pour Avignon en vue de conclure les négociations.

Pour une fois, Édouard III a tenu parole. Ton mari est libéré le 6 juin 1354. De la Tour de Londres, il est conduit à la Chancellerie en attente d'un jugement. Tu pries pour que cette histoire ne se termine pas comme pour Olivier. Et tu suis de près les tractations entre la France et l'Angleterre dont dépendent ton avenir et celui de ta famille. Si le traité de paix est signé, tu es à l'abri pour tes terres dans le Poitou, mais quid de celles situées en Bretagne ?

Heureusement, le roi de France se ravise au cours de l'été : le traité est trop avantageux pour les Anglais ! Il soupçonne Charles le Mauvais et ses amis entrés au conseil d'avoir influé sur les pourparlers en faveur d'Édouard III. Invoquant l'impossibilité de morceler le royaume, il fait échouer la paix.

Un autre événement joue aussi en ta faveur. De retour en Bretagne, Charles de Blois, fraîchement libéré, a la bonne idée d'expliquer aux Français les failles défensives anglaises de l'île Tristan et de se faire capturer en participant à l'attaque. Édouard III dénonce aussitôt l'arrangement qu'il a passé avec Jeanne de Penthièvre et renvoie Charles de Blois dans sa cellule de la Tour de Londres.

Walter est relâché, totalement disculpé des charges qui pèsent contre lui. En outre, Édouard III le gratifie d'une protection d'un an pour lui, ses hommes et vos biens bretons, et ratifie les dons de Jean de Montfort pour la région d'Hennebont, les seigneuries de Pontcallec et de Blain et les paroisses de Bubry et de Quistinic.

Il rentre à la maison.

Ton fils aussi.

Olivier a rejoint les rangs de l'armée anglaise aux côtés du prince de Galles et d'Henri de Lancastre. En septembre 1355, après avoir essuyé plusieurs contretemps, Édouard III lance en Aquitaine une expédition de sept mille hommes sous le commandement de son fils. Parti de Bordeaux, remontant la Garonne, bifurquant pour traverser l'Armagnac, le prince de Galles et son armée s'arrêtent à Carcassonne pour trois jours de pillages et de massacres avant de se diriger vers Narbonne. Puis retournent à Carcassonne, où ils ne font que passer pour rejoindre le comté de Foix, et enfin rentrer à Bordeaux en décembre. Il ne reste rien du sud-ouest de la France, le prince de Galles s'en vante dans une lettre à son père : « Nous avons dévasté et détruit cette région, ce qui a causé une grande satisfaction aux sujets de Notre Seigneur le Roi. »

Pendant ce temps, Olivier se bat contre le sénéchal d'Anjou, Jean de Saintré et la famille de Craon faisant campagne contre les terres de Belleville et de Clisson. À l'été 1355, il reprend l'île d'Yeu. Ses seigneuries.

À dix-neuf ans, il s'implique de plus en plus dans la gestion du patrimoine familial. Édouard III l'inclut désormais dans les actes, comme en 1356, dans la donation de la baronnie de la Roche-Moisan et de l'île de Groix.

Le 19 septembre 1356, Jean le Bon rend les armes à la bataille de Poitiers. La France est au plus bas. Gouvernée par un dauphin de dix-huit ans, elle doit faire face à une grave crise politique et sociale. Tant bien que mal, elle résiste à l'offensive de l'armée anglaise. Qui continue de détricoter le royaume par des raids dévastateurs avec Olivier dans ses rangs.

Au début de l'année 1357, il est capturé par le maréchal de Bretagne français Jean de Beaumanoir. Compagnon d'armes de Bertrand du Guesclin, héros du Combat des Trente où trente nobles bretons avaient affronté trente champions anglais en champ clos le 26 mars 1351, il emprisonne Olivier dans le nord de la Bretagne, à Hardouinais, et demande une rançon de vingt mille écus. Ton fils vaut de l'or. Au même moment, le prince de Galles exige vingt-cinq mille écus en échange du connétable de France.

Olivier retrouve la liberté au début de l'année 1358.

En septembre, Édouard III ordonne le transport de vaisseaux et d'armes vers le duché pour une troupe sous le commandement d'Olivier. Il prend des responsabilités. En Angleterre, en France, son nom entre dans les conversations. Il est réputé pour son courage, son art du combat et pour ne jamais lâcher ses adversaires avant d'être sûr qu'ils soient morts.

Vers le mois d'août 1359, Walter s'en va. Il rejoint ton père, ton frère, Geoffroy ton premier mari et votre fils, Olivier ton terrible amour, Isabeau, Maurice et Guillaume, vos chers et tendres enfants. D'une autre façon, tu as aussi perdu Louise, ta fille aînée.

Louise de Châteaubriant devenue dame de Laval, vicomtesse de Rennes et baronne de Vitré depuis son mariage en 1348 avec Guy XII de Laval, cousin de Jeanne de Penthièvre.

Cette guerre, Jeanne – ta guerre –, Olivier est prêt à la mener.

S'ils ne font plus qu'un, le vent les laissera passer !

Les hérauts arrondissent le dos, épousent la courbe de l'encolure de leurs chevaux. Leurs cottes armoriées ornées de la fleur de lys pour les uns et du léopard pour les autres se plaquent contre leurs torses.

Plus vite, plus vite.

Dans leur dos, la rumeur les nargue. Ses murmures se propagent, glissent comme un souffle sur la France et l'Angleterre.

Les hérauts se concentrent sur la route et éperonnent leurs montures. Mais ils ne sont pas dupes : ils ne la rattraperont pas. Ni les montagnes ni la mer et les océans ne la retarderont. Elle s'engouffre dans les châteaux, les fermes et les maisons où elle agrémente les repas de famille. Elle suit les femmes au lavoir pour les distraire de leurs besognes. Elle accompagne les hommes à la taverne et attise leur soif. Elle gagne les champs, les bois et les côtes, vogue sur les flots, brave les intempéries et les catastrophes.

Des deux côtés de la Manche, dans chaque village, baronnie et monastère, la rumeur racontera avant les cavaliers les exploits de ton fils.

En cette fin d'année 1359, tu peux te reposer, Jeanne.

Jeanne de Clisson, la dernière fille de Jeanne de Belleville, a épousé un Anglais, Jean de Harpedanne. Ensemble, ils ont repris et géré les terres de Belleville qu'ils ont transmises à leur fils, Jean. Leur petit-fils, Jean III de Harpedanne, épousera la fille du roi Charles VI et de sa maîtresse Odette de Champdivers, légitimée par Charles VII.

Le fils de Jeanne de Belleville, Olivier V, a commencé une carrière militaire dans l'armée anglaise. Il s'est illustré dans de nombreuses batailles dont celle d'Auray en 1364, où, malgré un œil crevé par un coup de hache, il a continué le combat jusqu'à la fin en pourchassant les fuyards. Ce fait d'armes lui a valu les surnoms de « l'Éborgné d'Auray » et du « Boucher ».

En 1366, après une aventure amoureuse avec la femme de Jean de Montfort et un désaccord sur la politique à mener en Bretagne, il se brouille violemment avec son vieil ami, devenu duc de Bretagne en titre.

Aussi, le 23 octobre 1370, lui et son ex-grand adversaire sur les champs de bataille, Bertrand du Guesclin, partagent-ils une coupe de leurs sangs mêlés en se jurant fraternité dans leur opposition à Montfort.

Il est une recrue si exceptionnelle que le nouveau roi de France, Charles V, pour lui montrer sa reconnaissance et encourager sa loyauté, lui redonne toutes les terres de Belleville et de Clisson confisquées, le comté de Porhoët en prime.

En 1380, à la mort de Du Guesclin, Olivier est nommé connétable de France. Jusqu'à sa mort en 1407, il sera l'un des hommes politiques les plus riches et les plus puissants du royaume de France.

Il a épousé Catherine de Laval en 1361, puis Marguerite de Rohan. De son premier mariage, il a eu deux filles : Béatrix et Marguerite. Cette dernière, d'ailleurs, semble avoir hérité du caractère de sa grand-mère : ayant épousé le comte de Penthièvre, elle n'aura de cesse toute sa vie de revendiquer le titre de duchesse de Bretagne jusqu'à se fâcher avec son père. Mais ça, c'est une autre histoire…

Beaucoup de livres ont été écrits sur Olivier de Clisson, des universitaires de renommée internationale se sont intéressés à sa carrière, à son sens aiguisé de la finance – on dit qu'il fut le premier capitaliste – et de la politique. Des rues et des places portent son nom dans les plus grandes villes de France ; son hôtel particulier à Paris abrite aujourd'hui le musée des Archives nationales ; plusieurs de ses forteresses qui n'ont pas été détruites forcent encore l'admiration.

Notes

Page 20 : Le port d'Époids, situé sur les communes de Beauvoir-sur-Mer et de Bouin en Vendée, est appelé aussi le port du Bec. Il est aujourd'hui un port ostréicole.

Le port du Collet, situé au fond de la baie de Bourgneuf sur la commune de Moutiers-en-Retz, est aujourd'hui un petit port de pêche et de plaisance.

Page 25 : L'expression en apanage, *ad panem*, signifie littéralement « pour les nourrir ».

En 1300 la France se compose de l'Île-de-France, la Picardie, la Normandie, le Maine, l'Anjou, la Touraine, l'Orléanais, le Limousin, le Berry, le Languedoc, la Navarre et le Poitou.

Page 29 : Un douaire est un bien ou une somme d'argent qu'un mari s'engage à verser à sa femme pour lui assurer un minimum vital dans le cas où il disparaîtrait avant elle.

Page 32 : L'église Sainte-Marie-Majeure à Poitiers s'appelle aujourd'hui Notre-Dame-la-Grande.

Page 38 : La seigneurie des Parthenay comprenait Secondigny, Coudray-Salbart et Béceleuf en Gâtine, les châtellenies limitrophes de Vouvant, Mervent et Moncontour, de Taillebourg en Saintonge et Châtelaillon en Aunis.

Page 40 : Le mariage des prêtres fut interdit lors du deuxième concile du Latran en 1132.

Page 42 : Le texte en provençal de Peyre Milhon est « *Pueis que dal cor my ven faray Kanson nouvella* ».

Page 53 : Le concile du Latran en 1215 obligea la publication des bans qui informait la communauté des mariages à venir, lui donnant ainsi la possibilité de dévoiler les obstacles (souvent des liens de parenté) empêchant une union.

Page 59 : La bataille des vins – ou *Dit des vins de France* – a été organisée par Philippe Auguste en 1224 pour établir un classement des vins blancs. Il a retenu les vignobles suivants : Bordeaux,

Saint-Émilion, Moissac, Montpellier, Saint-Pourçain, Auxerre, Beaune, Sancerre, Laon, Clermont, Croy (Jura), Soissons, Montmorency, Hautvillers, Épernay, Argenteuil, Pierrefitte, Marly, Trilbardou, Sézanne, Saint-Yon, Samois, Orléans, Jargeau, Tonnerre, Chablis, Saint-Bris, Vermenton, Orchaise, Vézelay, Montrichard, Lassay, Savigny, Nevers, Issoudun, Châteauroux, Buzançais, Poitiers, Chauvigny, La Rochelle, Montmorillon, Saint-Jean-d'Angély, Taillebourg, Saintes, Angoulême, Béziers, Carcassonne et Narbonne. Ce même classement a rejeté les vignobles de Chambilly, du Mans, de Rennes, d'Étampes, d'Argences, de Beauvais et de Châlons-sur-Marne.

Page 62 : Bernard de Gordon, médecin montpelliérain du début du XIVe siècle, explique dans *Le Lys de la médecine* que la fécondité est liée à l'orgasme. Il fournit aussi de nombreux conseils érotiques pour stimuler le plaisir des femmes. Quant au *Miroir du foutre ou Kamasutra catalan* (anonyme), il décrit préliminaires et postures dans le détail et sans pudeur afin d'éprouver et faire éprouver du plaisir.

Page 68 : La coutume est un « usage juridique oral, consacré par le temps et accepté par la population d'un territoire déterminé ». Elle est engendrée par la répétition et prévaut sur le droit commun (droit canon, droit romain, droit féodal).

Page 69 : Les états généraux du royaume étaient constitués de prélats, de seigneurs, de bourgeois parisiens et d'universitaires. Cette assemblée était convoquée sur ordre du roi lors de situations exceptionnelles (crise politique, financière, guerre...).

Page 71 : Le *Roman d'Alexandre* est un recueil de légendes racontant les exploits d'Alexandre le Grand. Au Moyen Âge, il était l'ouvrage le plus répandu avec la Bible.

Pages 74-75 : *Chirurgie* est un traité inachevé d'anatomie et de traitement des blessures écrit par Henri de Mondeville (1260-1320), médecin et chirurgien de Philippe le Bel et de Louis X le Hutin.

L'un des fabliaux grivois les plus répandus était celui de Guillaume IX comte de Poitiers, dit le Troubadour, racontant sa nuit avec deux sœurs : « *Écoutez combien de fois je les ai foutues : /Cent quatre-vingt-huit fois, / À presque m'y rompre les sangles/ Et le harnais. /Et je ne peux vous dire la grosse maladie que j'ai attrapée !* »

Page 76 : *L'Ornement des dames* ou *De ornatu mulierum* est un traité de cosmétique écrit au IXe siècle par Trotula de Salerne, femme médecin et chirurgien.

Page 90 : Au XIVe siècle, le domaine de Penthièvre comprenait les châtellenies de Minibriac, de Pontrieux, de La Roche-Derrien, de Guingamp, de Moncontour, de Lamballe et de Cesson, ainsi que la saline de Saint-Gildas.

Page 94 : Les propriétés en Normandie d'Olivier de Clisson ont été obtenues grâce au mariage d'Olivier II, son grand-père, avec une demoiselle Bertrand de Bricquebec.

Page 103 : Une lieue correspond à 4,5 km. Il fallait une journée pour parcourir 7 lieues à cheval.

Page 113 : Les carrières de granit de la seigneurie de Clisson se situaient à Meillon et Moirat, et les mines de fer à Beaumont.

Page 128 : L'*Auld Alliance* ou *Vieille Alliance* est une alliance entre les royaumes de France, d'Écosse et de Norvège contre l'Angleterre. Dans un traité officiel de 1295, Philippe le Bel y stipulait : si Édouard Ier attaque l'Écosse, « je vous aiderai en attirant ledit roi en d'autres lieux ». En contrepartie, le roi écossais promettait d'envahir le royaume d'Angleterre en cas de débarquement anglais en France « assiégeant les villes et dévastant le pays ».

Page 138 : *Sire Hain et dame Anieuse* est un fabliau d'Hue Piaucele, XIIIe siècle.

Sire Hain, homme travailleur et aimé de tous, était marié à dame Anieuse. Une mégère qui faisait systématiquement le contraire de ce que son mari lui disait. Un jour où celui-ci lui demanda d'acheter du poisson au marché, elle revint avec des épinards. Une querelle s'ensuivit. Sire Hain lui proposa alors de se battre mais avec une culotte pour trophée. Celui qui la gagnerait serait le maître à la maison. Sous l'œil de deux témoins, ils empoignèrent la culotte et tirèrent chacun de son côté. Le vêtement se déchira, dame Anieuse saisit sire Hain par les cheveux qui la poussa si fort qu'elle tomba à la renverse dans un baquet d'eau. L'homme lui proposa de l'aider à se relever à la condition qu'elle s'avoue vaincue. Elle refusa dans un premier temps, puis, voyant qu'elle n'arrivait pas à s'extirper seule du baquet, finit par accepter. Depuis ce jour, la paix règne dans le ménage et dame Anieuse ne contredit plus son mari.

Page 149 : À la mort du duc Jean III de Bretagne, aucun testament n'a été retrouvé pour sa succession. Mais selon la thèse de Dom Morice, bénédictin du XVIIIe siècle ayant travaillé sur la généalogie de la maison Rohan et auteur de l'*Histoire de la Bretagne*, il y aurait bien eu un testament désignant Jean de Montfort. Mais, envoyé au vicomte de Rohan, allié des Penthièvre, le document aurait été détruit.

Page 152 : Le prévôt royal qu'Olivier de Clisson a offensé devant le roi est Jean de la Tournelle.

Pages 166-167 : *Les dialogues de Marcol et de Salomon* ont été écrits au XIIe siècle. Ils étaient souvent joués par les troubadours et ménestrels dans les foires et lors des fêtes :

Qui sera sage, jamais ne parlera,
Ainsi dit Salomon.
Qui jamais mot ne dira, aucun mal ne fera,
Lui répond Marcol.
Bien boire et bien manger, fait de l'homme un sage,
Ainsi dit Salomon.
Et ventre engraissé la ceinture fait lâcher,
Lui répond Marcol.

« *Main se leva la bien faite Aeliz...* » est un rondeau populaire à danser du XIIe siècle chanté par les troubadours lors de fêtes :

Au matin s'est levée la bien faite Aelis
Par ici passe le brun, le beau Robin
Elle s'est bien parée, s'est vêtue mieux encore
Piétinez la feuille, moi je cueillerai la fleur
Par ici passe Robin l'amoureux
Et voici que l'herbage en est plus doux.

Page 175 : Le greffier du Parlement de Philippe VI lors du procès d'Olivier de Clisson était

Geoffroy de Malicorne. Son rôle était de recueillir en présence des juges les confessions des prisonniers « sous peine d'être mis à la question » et de les consigner par écrit dans le *Registre criminel du Châtelet*.

Acte de condamnation d'Olivier de Clisson : « L'an de grâce 1343, le samedi 2 jour d'avril, sire Olivier de Clisson prisonnier au Châtelet à Paris pour plusieurs hautes trahisons et crimes perpétuer par lui envers le roy et la couronne de France ainsi qu'il connu et confessa se par jugement et ottroy donné à Orléans condamné a estre trainé du Châtelet de Paris aux halles et eust se teste coupée et le corps trainé au gibet de Paris et sa teste fut envoyé à Nantes en Bretaigne pour estre mise sur la porte comme un traitre », Archives nationales, U 785 fol 124.

Page 179 : Procès-verbal de l'exécution d'Olivier de Clisson : « L'an de grace mil CCC XLIII, le semadi secont jour d'aoust, messires Oliviers, sires de Cliçon, chevaliers, prisonniers en Chastellet de Paris, pour pluseurs traïsons et autres crimes perpetrez par lui contre le roy et la coronne de France, et aliances qu'il avoit faites au roy d'Angleterre, anemi du roy et du royaume de France, si comme lidiz messires Oliviers le cognut et le confessa, fu par juigement du roy donné à Orliens, traynez du Chastellet de Paris es hales, Chapiaux, et là ot, sur un eschafaut, la teste coppée. Et puis d'ileuc fu le corps trayné au gibet de Paris et là pendu au plus haut estage. Et la test fu envoié à Nantes en Bretaigne pour estre mise en une hante seur la porte Sauvetout comme de traistre, et cuida ladite cité de Nantes, à perpetuel memoire », Archives nationales, sect., jud., X2a 4 fol 186.

Page 180 : *La Farce du garçon et de l'aveugle* est une pièce de 265 octosyllabes composée à Tournai pendant la seconde moitié du XIIIe siècle et considérée comme la première farce française.

Un jeune garçon surprend deux aveugles discutant de toutes les « choses » qu'ils aimeraient faire aux femmes – « aux garces ». Choqué par leurs propos, le jeune garçon attend qu'ils se séparent pour suivre l'un d'eux et l'agresser en prenant une grosse voix. Puis, reprenant sa propre voix, le garçon fait semblant de voler à son secours. L'aveugle le remercie et lui propose de l'embaucher pour faire la quête pendant qu'il chante. L'aveugle ramène le garçon chez lui qui en profite pour lui dérober son argent.

Page 226 : « Jeanne de Belleville, ma mère, passa toute sa vie à venger la mort de mon père Olivier IV de Clisson. Fidèle au duc de Bretagne et partisan des Anglais contre le roi de France, mon père fut décapité sur ordre de Philippe VI, souverain de notre royaume. Ivre de rage et de revanche, ma mère vendit ses bijoux pour devenir une pirate sans pitié pour les bateaux français. »

« Maniant le sabre et la hache d'abordage, ma mère, Jeanne de Belleville, fut alors surnommée la "Tigresse bretonne" ou "la Lionne sanglante". Je la suivais dans les combats, si bien que j'appris à ses côtés la bravoure et la férocité qui feront de moi l'un des guerriers les plus redoutés de mon temps. »

Mots attribués à Olivier V de Clisson alors connétable de France sous Charles VI, mais aucune preuve ne permet d'en vérifier l'exactitude.

Page 229 : Bulle papale de Clément VI au roi d'Angleterre lui demandant de mettre un terme aux agissements de Jeanne de Belleville : « *Clemens Episcopus, Serus Servorum Deei, carissimo in Christo Filio, Edwardo, Rei Angliae illustri, Salutem, & Apostolicam Beneictionem.*

Nimis displiciter audivimus, hiis diebus, quod Gentes & Subditi tui, Fili carissime, in Mari & partibs Maritimis, tam Britanniae, quam quibusdam aliis, Treugas violantes, ad nonnullas Agressiones & offensas Hostiles proruperunt hatenus, postquam initiae fuerunt dictae Treugae, ac prorumpere moliuntur ; per quas, quantum in eis est edfdem infringere Treugas periculose non modicum afferuntur.

Sanè, cum nequaquam credamus tali de tuâ procedere conscientiâ, vel etiam processisse, Regiam rogamus Excellentiam, & in Dopino attentius hortamur, quatinus eifdem Gentibus & Subditis mandet Regalis Providentia districtius & injugat, ut a talibus & similibu, per quae Treugae praedictae viderentur infringi quomodolibet, cessent penitus & desistant ; & siqua in contrarium attemptata forfan fuerint, illa quatum erit poffibile, studeant revocare, cum carissimus in Christo Filius noster, Pilippus, Rex Franciae illustris (cui super similibus alias scripsimus) nobis idem rescripserit se facturum.

Nosque ad eafdem partes Britanniae, Dilectum Filium, Magistrum Stephanum de Mulceone, Decanum Ecclefiae Bituricenfis, Capellum & Nuncium nostrum, ad faciendum ibidem fervari per utramque partem dictas Treugas ad ib compellendum Censurâ Ecclesiasticâ Contradictores quoslibet, providerimus destinandum.

Dat. Apud Villam Novam Avinionensis Diocefis undecimo Kal Octobris, Pontificatus nostri Anno Secundo. Bulla, Super attemptis contra Treugas », Actes publiés par Rymer, édition de 1707, tome V, p. 387.

Page 236 : La baie de l'île Tristan est aujourd'hui la baie de Douarnenez.

Page 240 : Acte de condamnation de Jeanne de Belleville : « L'an de grâce mil CCCXLIII, le lundi premier jour de décembre, madame Jehanne de Belleville, fame feu Olivier, seigneur jadis de Cliçon, chevalier Guillaume Berart, son escuier, Guionnet de Fay, jadis chastellain de la Garnaiche, Geufroi Denart, jadis chastellain du Gaure, lesquels avoient esté appellez et adjornez par III adjornemans, à la requeste du procureur du roy, sur pluseurs aliances, conspirations, machinations, rebellions et crimes de majesté royal blecié, rebellions, et autres excès et malfacons faiz et perpertrez par lesdiz sire de Cliçon et jehanne de Belleville sa fame, et dont lesdiz Guillaume, Guionnet et Geufroy avoient esté et estoient consentent, aidant et faisent si comme il leur estoit imposé. Après quatre défuz donnez contre eulz nostredit procureur, ont esté banni par arrest du Parlement à touzjours du Royaume de France ; et touz leurs biens declaré estre confisquez et appliquez au domeine du Royz », *Journal du Parlement de Paris*, Arrêt 1343, 4113 v° A.

Page 244 : D'abord réfugiée avec son fils au château de Rougemont à Exeter à son arrivée en Angleterre en mars 1343, la duchesse de Montfort a emménagé dans la Tour de Londres avant d'être transférée et assignée à résidence au château de Tickhill, propriété du comté de Richmond sous la garde du connétable Guillaume Franck.

Page 262 : Le *Liber Floridus* est une encyclopédie enluminée écrite au XIIe siècle par le chanoine Lambert de Saint-Omer.

Yvain ou le Chevalier au lion est un conte écrit par Chrétien de Troyes vers 1176.

Page 269 : L'*Historia regum Britanniae* a été rédigée en latin au XIIe siècle par le clerc gallois Geoffroy de Monmouth. Elle fut très populaire jusqu'à la fin du XVe siècle.

Camelot est le château du roi Arthur où se retrouvaient les chevaliers de la Table ronde.

Page 279 : Les ribaudeaux étaient des petits canons.

Page 282 : Lors de la chevauchée du comte de Lancastre en Vendée, en 1346, l'évêque de Maillezais dans le Marais poitevin avait demandé à ses paroissiens de se rendre aux troupes anglaises sans résister.

Page 284 : *Les Vœux du paon* était un roman courtois très populaire et très apprécié par Édouard III. Il a été écrit en 1312-1314 par Jacques de Longuyon.

Les Neuf Preux sont trois héros païens – Hector, Alexandre le Grand, Jules César –, trois héros de l'Ancien Testament – Josué, le roi David et Judas Maccabée –, et trois héros chrétiens – le roi Arthur, Charlemagne et Godefroy de Bouillon.

La *Vita Edwardi Secundi* a été écrite par un chroniqueur anonyme à la naissance d'Édouard III :

Longue vie, donc, au jeune Édouard,
et qu'il incarne à son tour les vertus qui ont fait
la grandeur de chacun de ses ancêtres.
Qu'il imite la diligence du roi Henri II,
l'insigne valeur du roi Richard,
qu'il atteigne l'âge vénérable du roi Henri III,
qu'il ressuscite la sagesse du roi Édouard Ier,
et qu'il nous rappelle la force physique
et l'amabilité de son père.

Page 290 : La création de l'ordre de la Jarretière à la suite d'un bal où Édouard III aurait sauvé de l'humiliation une de ses maîtresses est très populaire mais appartiendrait à la légende. Il est plus vraisemblable que cet ordre tienne son origine de la jarretière aux couleurs de la bannière de Saint-Georges qu'accrochait Richard Ier autour de la jambe de ses chevaliers pour leur porter chance lors des croisades au XIIe siècle. Ou encore en référence aux exploits de jeunesse d'Édouard III et du comte de Lancastre, qui, toujours très élégants, ne participaient jamais à un tournoi sans porter de jarretières incrustées de perles et de fils d'or.

Bibliographie

Essais

Bertrand d'Argentré, *Histoire de Bretagne*, 3e ed, 1618.

Philippe Ariès, *Essais sur l'histoire de la mort en Occident du Moyen Âge à nos jours*, Seuil, 1975.

Martin Aurell, *L'Empire des Plantagenêt, 1154-1224*, Perrin, 2003.

John Bell Henneman, *Olivier de Clisson and political society in France under Charles V and Charles VI*, University of Pennsylvania Press, Philadelphia, 1996.

Paul de Berthou, *Clisson et ses monuments. Étude historique et archéologique*, Le Livre d'histoire, 2010.

Rémy Bethmont, *Histoire de Londres*, Tallandier, 2011.

Éric Birlouez, *À la table du Moyen Âge, seigneurs, moines et paysans*, Ouest-France, 2013.

—, *À table avec les grands personnages de l'Histoire*, Ouest-France, 2012.

Georges Bordonove, *Les Rois qui ont fait la France, Jean II le Bon*, Pygmalion, 2000.
Alain Bournazel, *Les Rois maudits d'Angleterre*, Perrin, 2014.
Émile Boutin, *Pays de Retz*, France Empire, 2004.
Christian Bouyer, *Les reines de France, Dictionnaire chronologique*, Perrin, 2000.
Boris Bove, *Le Temps de la Guerre de Cent Ans, 1328-1453*, Belin, 2009.
Arsène Brémont, *Châteaubriant : Histoire du château et des amours de Françoise de Foix*, 1962.
Marcel Buffé, *Une cité dans l'Histoire : Châteaubriant*, Cid, 1982.
Michèle Buteau, *La Naissance de la fortune des Clisson*, Centre universitaire de Rennes, 1970, Archives départementales de Vannes.
Sophie Cassagnes-Brouquet, *La Vie des femmes au Moyen Âge*, Ouest-France, 2012.
—, *Chevaleresses, une chevalerie au féminin*, Perrin, 2013.
Jean-Christophe Cassard, *Anglais et Bretons dans le duché sous Jean IV*, Journée d'études, Jan. 2006, Brest, France ; Centre de recherche bretonne et celtique/Université de Bretagne occidentale, pp. 21-42.
—, *Les Bretons et la mer au Moyen Âge. Des origines au milieu du XIVe siècle*, Presses universitaires de Rennes, 1998.
André Castelot, Alain Decaux, *Histoire de la France et des Français au jour le jour. Les débuts de la guerre de Cent Ans*, Robert Laffont, 1990.
Joseph Chapron, *Le Château de Châteaubriant*, 1930.

Mme de Clisson, *Histoire d'Olivier IV de Clisson, connétable de France*, Librairie Debécourt, 1843.
Philippe Contamine, *La Guerre au Moyen Âge*, Presses universitaires de France, 1980.
—, *La Vie quotidienne pendant la guerre de Cent Ans en France et en Angleterre, XIVe siècle*, Hachette, 1976.
Robert de la Croix, *Histoire de la piraterie*, France Empire, 1974.
Eugène Déprez, *Une lettre missive du prétendant Jean de Bretagne, comte de Montfort*, Annales de Bretagne, t. 34, numéro 1, 1919, pp. 56-67.
—, *Chroniques de Jean le Bel* avec Jules Viard pour la Société de l'Histoire de France, Paris, Renouard, 1904.
Yann Doucet, *Histoire de la Vallée de Clisson*, Hérault, 1992.
Maurice Druon, *Les Rois maudits*, Del Duca, Plon, 1966.
Georges Duby, *Guillaume le Maréchal ou Le meilleur chevalier du monde*, Fayard, 1984.
Robert Dulau, Géraldine Albers, *Peintures murales en France. XIIe-XVIe siècle*, Citadelles & Mazenod, 2013.
Micheline Dupuy, *Du Guesclin*, Perrin, 1977.
Maurice Esseul, *Le Château de l'île d'Yeu*, Les mémoires de la mer, 1980.
Henri Filleau, *Dictionnaire historique, biographique et généalogique des familles de l'ancien Poitou*, Dupré, 1840-1854.
Robert Fossier, *Ces gens du Moyen Âge*, Fayard, 2007.
Kenneth Alan Fowler, *Henry of Grosmont, first duke of Lancaster, 1310-1361*, thèse présentée à l'université de Leeds, 1961.

—, *Les lieutenants du roi d'Angleterre en France à la fin du Moyen Âge*, Actes du 29e congrès de la Société des historiens médiévistes de l'enseignement supérieur, Pau, 1998, pp. 193-205.

F.X. Freneau, *Monographie bellevilloise*, 1975.

Jean Froissart, *Chroniques*, Kervyn de Lettenhove, Bruxelles, 1879.

Claude Gauvard, *« De grace especial », Crime, État et société en France à la fin du Moyen Âge*, Les Classiques de la Sorbonne, 2010.

—, *Le Moyen Âge*, La Martinière, 2010.

—, Avec A. de Libera, Michel Zink, *Dictionnaire du Moyen Âge*, Presses universitaires de France, 2002.

Yvonig Gicquel, *Olivier de Clisson, Connétable de France ou chef de parti breton*, Jean Picollec, 1981.

Ivan Gobry, *Histoire des rois de France, Philippe VI*, Pygmalion, 2011.

Philip Gosse, *Histoire de la piraterie*, Payot, 1978.

Charles Goudé (Abbé), *Histoire de Châteaubriant. Baronnie, Ville et Paroisse*, Laffitte Reprints, 1980.

Christian Heck, Rémy Cordonnier, *Le Bestiaire médiéval*, Citadelles & Mazenod, 2011.

Marcelle et Georges Huisman, *Contes et légendes du Moyen Âge français*, Nathan, 1997.

Gérard A. Jaeger, *Les Femmes d'abordage*, Clancier-Guénaud, 1984.

Dan Jones, *Les Plantagenêts*, Flammarion, 2015.

Michael Jones, *La Bretagne ducale, Jean de Montfort (1364-1399) entre la France et l'Angleterre*, Presses universitaires de Rennes, 1998.

—, *Recueil des actes de Jean IV, duc de Bretagne*, Presses universitaires de Rennes, 1994.

—, *Relation entre Olivier de Clisson et le royaume d'Angleterre*, conférence Espace Saint-Jacques, Clisson, 13 avril 2007.

—, *Recueil des Actes de Charles de Blois et Jeanne de Penthièvre, duc et duchesse de Bretagne (1341-1364)*, Revue historique (Paris), 1876.

—, *Les capitaines anglo-bretons et les marches entre la Bretagne et le Poitou de 1342 à 1373*, Actes du 111e Congrès national des Sociétés savantes, Poitiers, 1986, Histoire Médiévale, t. 1, *La France anglaise,* pp. 367-375.

—, *Edward III's captains in Brittany*, symposium d'Harlaxton 1985, W. M. Ormrod, Woodbridge, 1986.

—, *Sir Walter Bentley : captain-lieutenant of Brittany, 1350-1353*, Bordeaux, Sep. 1952.

—, *Sir Thomas Dagworth et la guerre civile en Bretagne au XIVe siècle : quelques documents inédits*, Annales de Bretagne et des Pays de l'Ouest, t. 87, numéro 4, 1980, pp. 621-639.

—, *L'aptitude à lire et à écrire des ducs de Bretagne à la fin du Moyen Âge et un usage précoce de l'imprimerie*, Société d'histoire et d'archéologie de Bretagne, 1985.

Yves Kergof, *Les Pirates des navires maudits*, Vernoy, 1979.

René Kerviler, *Répertoire général de bio-bibliographie bretonne*, Librairie générale de J. Plihon et L. Hervé, Rennes, 1897.

Marcel Kervran, *Les Grandes Heures de Jean de Montfort et de Jeanne la Flamme*, Joseph Floch, Mayenne, 1981.

Christiane Klapisch-Zuber (dir.), Georges Duby, Michelle Perrot, *Histoire des femmes en Occident II. Le Moyen Âge*, Perrin, 1990.

Arthur de La Borderie, *Les Osts du duc de Bretagne*, BSAN, t. 6, 1867, pp. 187-198.

—, *Histoire de la Bretagne*, Librairie générale de Plihon et Hommay, 1905.

Monique Langlois et Yvonne Lanhers, *Confessions et jugements de criminels au Parlement de Paris (1319-1350)*, Archives nationales, 1971.

Gilles Lapouge, *Les Pirates, forbans, flibustiers, boucaniers et autres gueux de mer*, Phébus, 1987.

Georges Laronze, *Montaigu, ville d'histoire* IVe – XXe *siècle*, Le Livre d'histoire, 2011.

Thierry Lassabatère, *Du Guesclin, vie et fabrique d'un héros médiéval*, Perrin, 2015.

Bélisaire Ledain, *La Gâtine historique et monumentale*, Jules Claye, 1897.

Auguste Lefranc, *Olivier de Clisson, connétable de France*, Victor Retaux, 1898.

Jacques Le Goff, *Un long Moyen Âge*, Tallandier, 2004.

—, *Hommes et femmes du Moyen Âge*, Flammarion, 2012.

Jean-François Lemarignier, *La France médiévale. Institutions et société*, Armand Colin, 1970.

Jean-Loïc Le Quellec, *Dictionnaire des noms de lieux de la Vendée*, Geste, 2006.

Emmanuel Le Roy Ladurie, *Histoire du climat depuis l'an mil*, t. 1 et 2, Flammarion, 1983.

Dom Lobineau, *Histoire de Paris*, 2 vols, 1707.

Georges Loquet, *Essais historiques sur les Baronnies du Nord-Ouest du Poitou*, t. 1, La Roche-sur-Yon, R. Ivonnet, 1907.

Philippe Lorentz, Dany Sandron, *Atlas de Paris au Moyen Âge. Espace urbain, habitat, société, religion, lieux de pouvoir*, Parigramme, 2006.

Siméon Luce, *Chronique des quatre premiers Valois (1327-1393)*, Librairie de la Société de l'Histoire de France, 1862.

André Maurois, *Histoire d'Angleterre*, Fayard, 1933.

François Menant, Hervé Martin, Bernard Merdrignac, Monique Chauvin, *Les Capétiens*, Perrin, 2008.

Alain-Gilles Minella, *Aliénor d'Aquitaine. L'amour, le pouvoir et la haine*, Perrin, 2004.

Georges Minois, *La Guerre de Cent Ans. Naissance de deux nations*, Perrin, 2008.

Duc de Lévis-Mirepoix, *La Guerre de Cent Ans*, Albin Michel, 1973.

Jean-Baptiste Molin et Protais Mutembe, *Le Rituel du mariage en France du* XIIe *au* XIVe *siècle*, Beauchesne, 1974.

Michel Mollat, *La Vie quotidienne des gens de mer en Atlantique,* IXe-XIVe *siècle*, Hachette Littérature, 1983.

—, *De la piraterie sauvage à la course réglementée,* XIVe-XVe *siècle*, Mélanges de l'École française de Rome, Moyen Âge, Temps modernes, t. 87, n° 1, 1975, pp. 7-25.

Dom Morice, *Mémoires pour servir de preuves à l'Histoire ecclésiastique et civile de Bretagne*, Imprimerie C. Osmont, 1742-1746.

Frédéric Morvan, *La Chevalerie bretonne et la formation de l'armée ducale 1260-1341*, Presses universitaires de Rennes, 2009.

—, *Les Seigneurs de Clisson.* XIIIe- XIVe *siècle, Mémoires de la Société d'histoire et d'archéologie de Bretagne*, t. 82, 2004, pp. 59-79.

—, *Le Livre des Ostz (1294)*, Presses universitaires de Rennes, 2008.

Catherine Mourichon, *L'Exécution d'Olivier de Clisson en 1343 et son écho historiographique jusqu'au* XIXe *siècle*, mémoire sous la direction de J. M. Moeglin, Centre universitaire de Créteil, 2003.

Éloïse Mozzani, *Légendes et mystères des régions de France*, Robert Laffont, 2014.

François Neveux, *Azincourt. La dernière bataille de la chevalerie française*, Ouest-France, 2015.

Jean Ogée, *Dictionnaire historique et géographique de la province de Bretagne*, Molliex, 1843.

Jean-Pierre Panouillé, *Les Châteaux forts en France* XIe-XIVe *siècle*, Ouest-France, 2011.

Michel Pastoureau, *La Vie quotidienne en France et en Angleterre au temps des chevaliers de la Table ronde*, Hachette, 1976.

—, *Figures et couleurs. Études sur la symbolique et la sensibilité médiévales*, Le Léopard d'Or, 1989.

—, *Figures de l'héraldique*, Gallimard, 1996.

—, *Une histoire symbolique du Moyen Âge occidental*, Seuil, 2004.

—, *Le Petit Livre des couleurs*, avec Dominique Simonnet, Panama, 2005.

—, *Bestiaires du Moyen Âge*, Seuil, 2011.

Émile Péhant, *Jeanne de Belleville*, Auguste Aubry, 1868.
Régine Pernoud, *Aliénor d'Aquitaine*, Albin Michel, 1965.
—, *La Femme au temps des cathédrales*, Stock, 1980.
Charles Petit-Dutaillis, *La Monarchie féodale en France et en Angleterre (Xe-XIIIe siècle)*, Albin Michel, 1933.
Élodie Pinel, *Les Lieux de l'exécution publique*, document extrait du site du professeur E. Pinel.
Roland Recht, *L'Image médiévale. Le livre enluminé*, Réunion des musées nationaux, 2010.
P. Richard, *Olivier de Clisson. Connétable de France, grand seigneur breton. 1336-1407*, Opéra, 2007.
Pierre Riché, Danièle Alexandre-Bidon, *L'Enfance au Moyen Âge*, Seuil/Bibliothèque nationale de France, 1994.
Marc Russon, *Les Côtes guerrières. Mer, guerre et pouvoirs au Moyen Âge. France – Façade océanique XIIIe-XVe siècle*, Presses universitaires de Rennes, 2004.
Marie-Ève Sténuit, *Femmes pirates. Les écumeuses des mers*, Éditions du Trésor, 2015.
Georges-Gustave Toudouze, *Du Guesclin, Clisson, Richemont et la fin de la Guerre de Cent Ans*, Librairie Floury, 1942.
Philippe Tourault, *Les Ducs et duchesses de Bretagne. Xe-XVIe siècle*, Perrin, 2009.
Anne de Tourville, *Femmes de la mer*, Le Livre contemporain, 1958.
Jean Verdon, *La Femme au Moyen Âge*, Jean-Paul Gisserot, 2006.
—, *Le Moyen Âge. Ombres et lumières*, Perrin, 2013.

Jules Viard, *Philippe de Valois avant son avènement au trône*, Bibliothèque de l'École des chartes, 1930, t. 91, pp. 307-325.

—, *Itinéraire de Philippe VI de Valois*, Bibliothèque de l'École des chartes, 1913, t. 74, pp. 74-128.

Eugène Viollet-le-Duc, *Encyclopédie médiévale*, Interlivre, 1995.

Michel Zink, *Bienvenue au Moyen Âge*, Équateurs/France Inter, 2015.

—, *Les Troubadours. Une histoire poétique*, Perrin, 2013.

Actes du colloque international de Cocherel, 16, 17 et 18 mai 1964, Les Cahiers Vernonnais.

Les Grandes Chroniques de France, publiées par Paulin, Paris, 1837.

Recueil des Actes de Charles de Blois et Jeanne de Penthièvre, duc et duchesse de Bretagne (1341-1364), Revue historique (Paris), 1876.

Toute l'Histoire de Bretagne, Skol Vreizh, 2012.

Archives historiques du Poitou, t. 13, Recueil des documents concernant le Poitou, contenus dans les registres de la chancellerie de France, publiés par Paul Guérin, archiviste aux Archives nationales, Poitiers, 1883.

Annuaire départemental de la Société d'émulation de la Vendée, 1863, 9e année, Napoléon Vendée, J. Sory.

Bulletin de la Société archéologique et historique de Nantes et de Loire-Atlantique, vol. 34, 1895.

Bulletin de la Société archéologique et historique de Nantes et de Loire-Atlantique, vol. 41, 1900.

Chronique de Richard Lescot. Religieux de Saint-Denis (1328-1344), suivie de la continuation de cette chronique (1344-1364), publiée par Jean Lemoine, 1896.

Foedera, conventiones, litterae, etc., éd. Thomas Rymer, Londres, 1708, et éd. A. Clarke pour le Record Commission, Londres, 1816-1869.

La Légende arthurienne. Le Graal et la Table ronde, Robert Laffont, 1989.

Roman

Élie Durel, *Jeanne de Belleville, corsaire par amour*, Geste Éditions, 2009.

Propriétés des Belleville

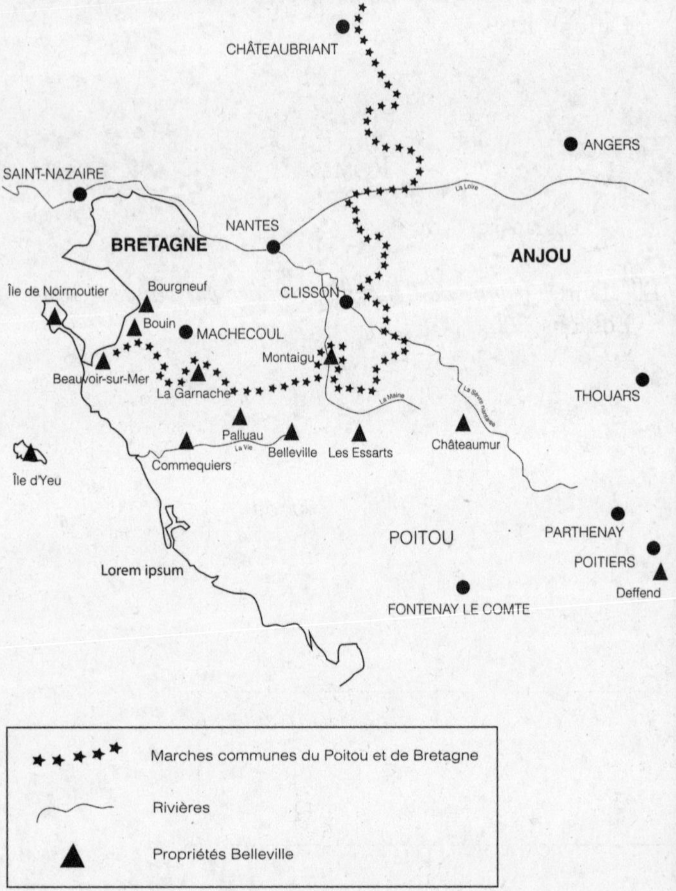

Propriétés de Jeanne de Belleville et d'Olivier de Clisson après leur mariage

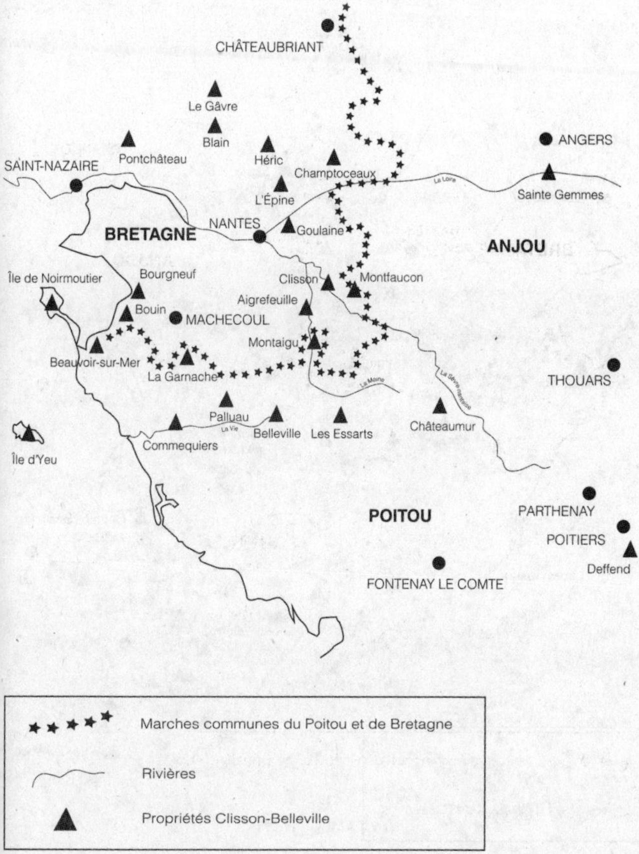

Propriétés d'Olivier V de Clisson, Connétable de France

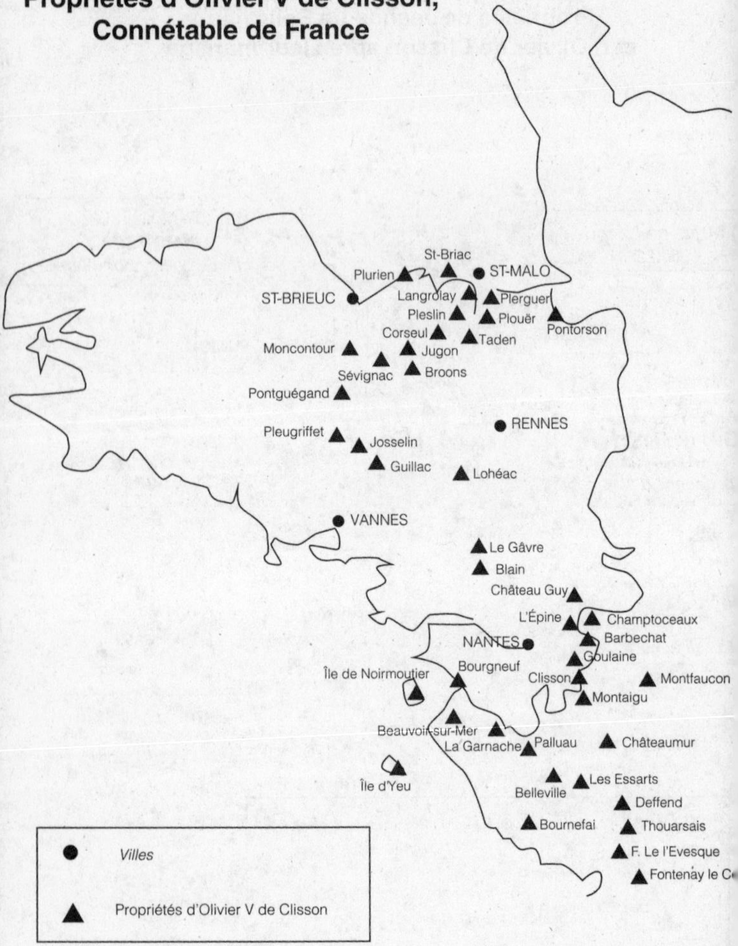

Carte réalisée d'après Yvonig Gicquel, publiée dans *Olivier de Clisson, connétable de France ou chef de parti breton ?*

Succession au trône de Bretagne

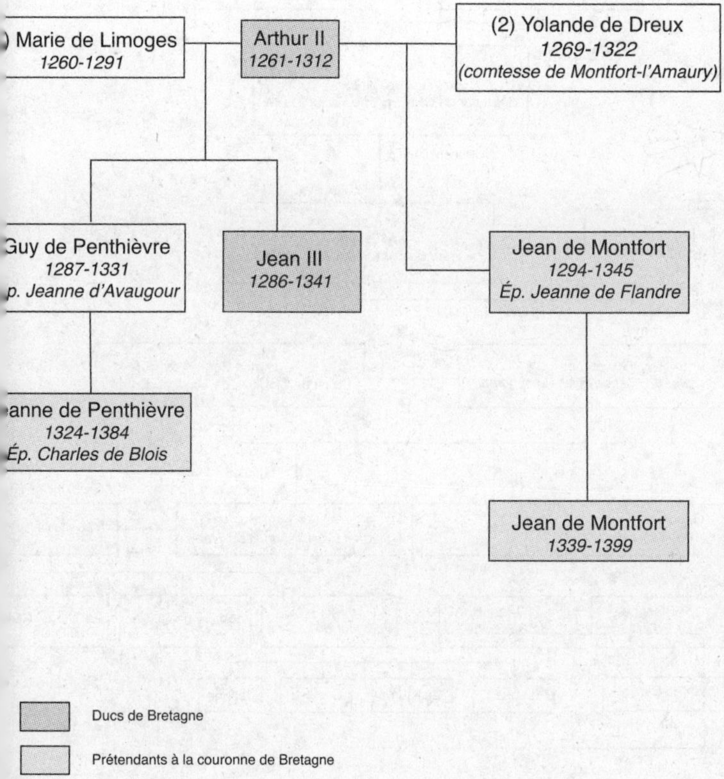

Généalogie des Clisson

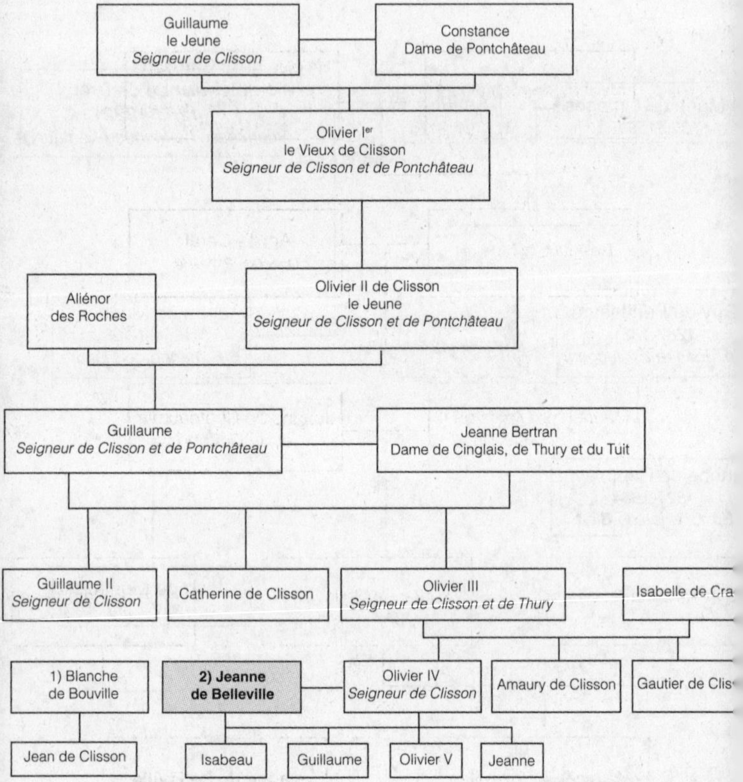

Généalogie de la famille de Belleville

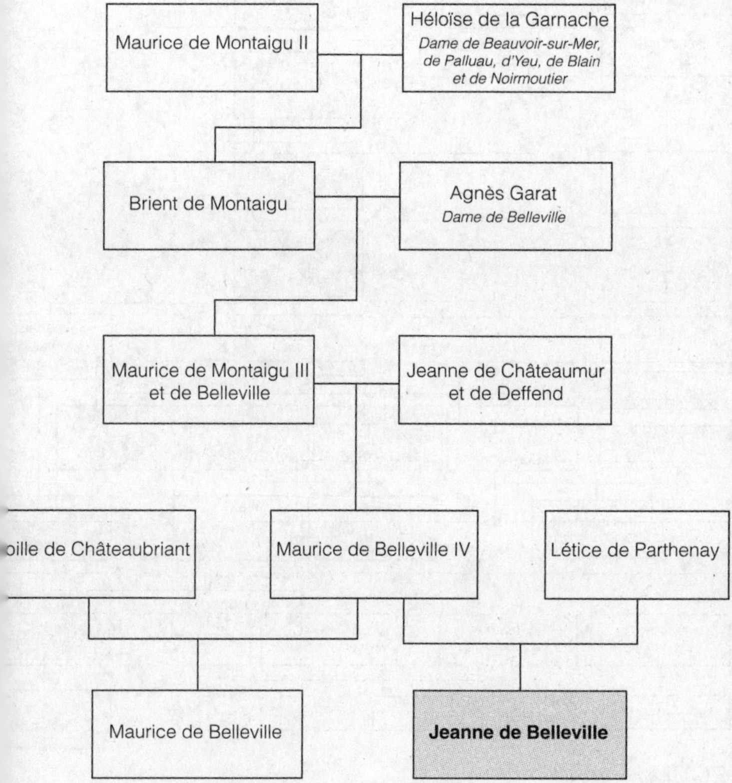

Généalogie simplifiée des rois de France et d'Angleterre

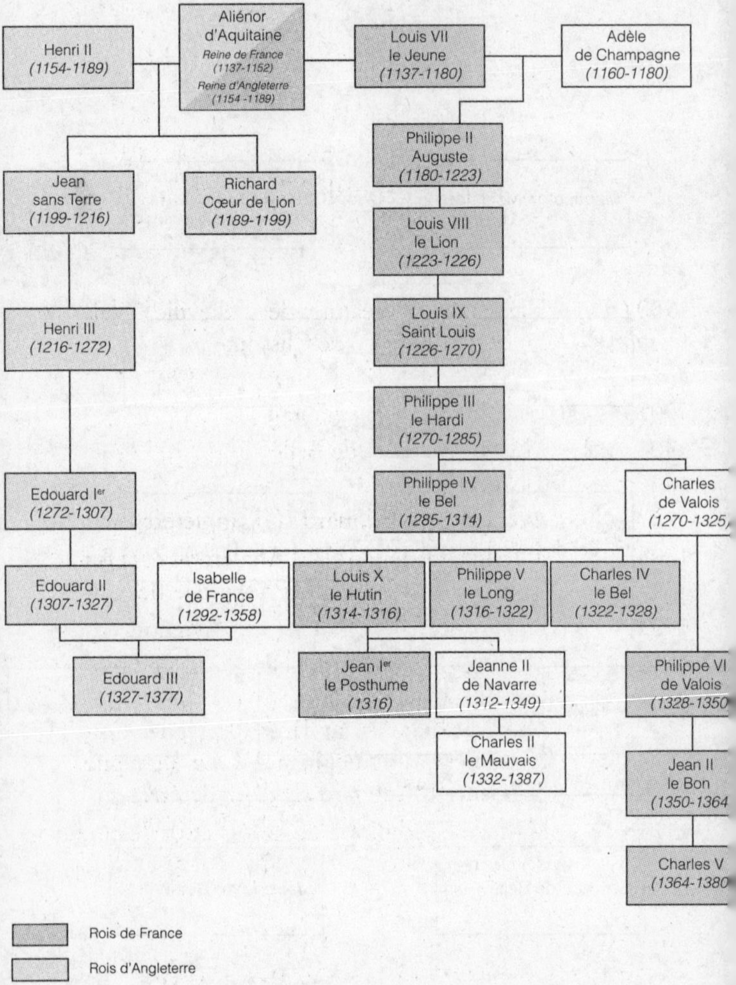

Repères chronologiques

1300 *(plus ou moins deux ans)*	Naissance de Jeanne de Belleville. Naissance d'Olivier IV de Clisson.
1305	Élection du pape Clément V.
1306	Mort de Maurice de Belleville.
1307	Mort d'Édouard Ier. Avènement d'Édouard II d'Angleterre.
1308	Mariage d'Édouard II d'Angleterre et d'Isabelle de France, fille de Philippe le Bel.
1309	La papauté quitte Rome pour Avignon.
1312	Mariage de Jeanne de Belleville et de Geoffroy de Châteaubriant. Mort du duc Arthur II de Bretagne. Couronnement du duc Jean III de Bretagne. Naissance d'Édouard III d'Angleterre.
1313	Mariage de Philippe de Valois et de Jeanne de Bourgogne.

1314 Naissance de Geoffroy IX de Châteaubriant, premier fils de Jeanne de Belleville.
Mort du pape Clément V.
Arrestation des trois belles-filles de Philippe le Bel pour adultère.
Mort de Philippe le Bel.
Avènement de Louis X dit le Hutin.

1316 Mort de Louis X dit le Hutin. Régence de Philippe V. Élection du pape Jean XXII.
Naissance et mort de Jean Ier, fils de Louis X dit le Hutin.

1317 Couronnement de Philippe V, dit le Long.

1320 Mort de Maurice IV de Belleville, frère de Jeanne de Belleville.
Mariage d'Olivier IV de Clisson et de Blanche de Bouville.

1321 Mort de Philippe V dit le Long. Avènement de Charles IV dit le Bel.

1326 Naissance de Louise de Châteaubriant, première fille de Jeanne de Belleville.
Mort de Geoffroy VIII de Châteaubriant, mari de Jeanne de Belleville.

1327 Abdication d'Édouard II d'Angleterre au profit de son fils Édouard III.
Couronnement d'Édouard III sous la tutelle de sa mère Isabelle de France et de son amant Mortimer.

1328	Mort de Charles IV dit le Bel. Régence, puis couronnement de Philippe de Valois.
1329	Mort de Blanche de Bouville. *Épousailles per verba* entre Jeanne de Belleville et Guy de Penthièvre. Édouard III fait hommage à Philippe VI pour la Guyenne.
1330	Mariage de Jeanne de Belleville et d'Olivier IV de Clisson. Arrestation d'Isabeau de France et de Mortimer. Avènement d'Édouard III.
1331	Naissance d'Isabeau de Clisson, deuxième fille de Jeanne de Belleville. Hommage d'Édouard III à Philippe VI pour ses fiefs français.
1334	Procès de Jeanne de Belleville à son mari Olivier de Clisson. Mort du pape Jean XXII. Élection du pape Benoît XII.
1335 *(plus ou moins deux ans)*	Naissance de Guillaume de Clisson, deuxième fils de Jeanne de Belleville.

1336	Conflit entre la France et l'Angleterre en Guyenne. Soutien de la France à une révolte écossaise. Procès de Béatrix de Cayeux à Jeanne de Belleville et Olivier de Clisson. Naissance d'Olivier de Clisson, troisième fils de Jeanne de Belleville, futur Olivier V de Clisson, Connétable du roi de France Charles V.
1337	Révolte flamande.
1338	Déclaration de la guerre de Cent Ans.
1340	Béatrix de Cayeux gagne le procès contre Jeanne de Belleville et Olivier de Clisson. Bataille de l'Écluse.
1341	Mort de Létice de Parthenay, mère de Jeanne de Belleville. Mort de Jean III de Bretagne. Début de la guerre de Succession de Bretagne entre Jean de Montfort (pro-Anglais) et Charles de Blois. Couronnement de Charles de Blois pour le duché de Bretagne. Philippe VI emprisonne Jean de Montfort. Olivier de Clisson est emprisonné quelques jours pour avoir offensé le roi.

1342 Naissance de Jeanne, troisième fille de Jeanne de Belleville.
Jeanne de Flandre, femme de Jean de Montfort, reprend le combat de son mari pour le duché de Bretagne.
Mort du pape Benoît XII. Élection du pape Clément VI.
Bataille de Vannes : Olivier de Clisson est fait prisonnier par les Anglais, puis libéré.

1343 Signature de la trêve de Malestroit. Libération de Jean de Montfort.
Arrestation d'Olivier de Clisson pour haute trahison.
Décapitation d'Olivier de Clisson.
Début des actes de piraterie de Jeanne de Belleville.
Bannissement de Jeanne de Belleville du royaume de France et confiscation de tous ses biens au profit du domaine royal pour crime de lèse-majesté.

1344 Mort de Guillaume de Clisson.
Départ de Jeanne de Belleville et de son fils Olivier pour l'Angleterre.

1345 Jean de Montfort s'enfuit en Angleterre et fait hommage à Édouard III.

1346 Bataille de Crécy.

1347	Bataille de La Roche-Derrien. Mort de Geoffroy IX de Châteaubriant. Trêve entre la France et l'Angleterre. Prise de Calais par Édouard III.
1348	Épidémie de peste noire.
1349	Mariage de Jeanne de Belleville avec Walter Bentley. Retour de Jeanne de Belleville en Bretagne.
1350	Mort de Philippe VI. Avènement de Jean II le Bon.
1352	Mort du pape Clément VI. Élection du pape Innocent VI. Bataille de Mauron.
1353	Arrestation de Walter Bentley en Angleterre.
1354	Libération de Walter Bentley. Retour d'Olivier V de Clisson, fils de Jeanne de Belleville, en Bretagne.
1359	Mort de Walter Bentley. Mort de Jeanne de Belleville.

REMERCIEMENTS

Que reçoivent ici l'expression de ma gratitude :

Pour sa confiance et ses encouragements sans lesquels ce livre n'aurait pas vu le jour, Charles Dantzig, mon éditeur.

Pour l'aide précieuse qu'il m'a apportée au cours de mes recherches, Michael Jones.

Pour la mise à disposition de documents et archives, Thierry Heckmann, Dominique Hillion, Albéric Verdon.

Pour leurs conseils, Nicolas de Villiers, Patrick McGuinness, Armand Gouraud, Emmanuelle Bellettre, Thierry Fort, Frère Philippe Verdin op.

Pour la réalisation des cartes et des généalogies, Bérénice Buisson.

Pour sa collaboration apportée lors des corrections pour cette édition de poche, Astrid de Belleville.

Enfin, pour leur patience et leur soutien infaillible lors de ces cinq ans de travail, Bérénice et Jeanne, mes filles.

Table